Written By
Lawrence J.Cohen
Anthony T. DeBenedet

# Unplug And Play

## The Ultimate Illustrated Guide To Roughhousing With Your Kids

# 游戏力

## 实践版

### 打闹游戏终极图解指南

和孩子一起打打闹闹

[美] 劳伦斯·科恩
[美] 安东尼·迪本德
著
[美] 马丁·托格诺拉
插图
叶红婷
译

江苏凤凰科学技术出版社 · 南京

江苏省版权局著作权合同登记 图字：10-2023-343号
图书在版编目(CIP)数据

游戏力：实践版 / [美] 劳伦斯 · 科恩，[美] 安东尼 · 迪本德著；叶红婷译. -- 南京：江苏凤凰科学技术出版社，2024. 10.
-- ISBN 978-7-5713-4616-4

Ⅰ. G782；B844.1

中国国家版本馆CIP数据核字第2024UY5249号

游戏力：实践版

| | |
|---|---|
| 著　　者 | [美] 劳伦斯 · 科恩　[美] 安东尼 · 迪本德 |
| 插　　图 | [美] 马丁 · 托格诺拉 |
| 译　　者 | 叶红婷 |
| 责任编辑 | 李莹肖 |
| 责任校对 | 仲　敏 |
| 责任监制 | 刘文洋 |
| 责任设计 | 蒋佳佳 |
| 出版发行 | 江苏凤凰科学技术出版社 |
| 出版社地址 | 南京市湖南路 1 号 A 楼，邮编：210009 |
| 出版社网址 | http://www.pspress.cn |
| 印　　刷 | 南京新世纪联盟印务有限公司 |
| 开　　本 | 787 mm×1 092 mm　1/32 |
| 印　　张 | 7.5 |
| 字　　数 | 131 000 |
| 版　　次 | 2024 年 10 月第 1 版 |
| 印　　次 | 2024 年 10 月第 1 次印刷 |
| 标准书号 | ISBN 978-7-5713-4616-4 |
| 定　　价 | 58.00 元（精） |

图书如有印装质量问题，可随时向我社印务部调换。

## 谨以此书

献给我的妻子莉兹、子女和孙女——

艾玛、杰克和阿玛贝尔，他们是我的摔跤教练

献给我的父母露丝和阿尔文

他们没有和我玩过打闹游戏

但他们从没停止以其他各种方式表达对我的爱、关心和鼓励

劳伦斯·科恩

## 谨以此书

献给我的妻子安娜

我们家的游戏冠军

我们家的“主心骨”

献给我们的孩子艾娃、米娅和萝拉

他们给我们的生活带来了源源不断的欢乐

献给我的父母凯伦和尼尔森

他们支持着我人生路上的每一步

安东尼·迪本德

# 目录
# Contents

# 安全警告

## A Note of Caution

打闹游戏非常好玩，同时它也有一点点危险。

事实上，打闹游戏非常好玩，正是因为它有一点点危险。

如果你和我们一样，经常陪孩子玩打闹游戏，就应该预料到：可能有人会受伤。

说白了，我们认为，偶尔的磕碰擦蹭都是童年正常的组成部分。我们就是这样跌倒了学着一次次自己爬起来，掸掸身上的灰尘，继续努力。我们就是这样一点点增强自信，并发现这世界上的物理定律的。

我们只是希望你们——负责任的成年人，监护好你们的孩子，将磕碰擦蹭的伤害降到最低。我们希望你们玩得开心，希望你们变得闹哄哄。但我们也需要你们运用好常识，如果孩子还太小，不能玩踩着垫子下楼梯的游戏，那就给孩子多点儿时间等他长大些再玩吧。如果你连把行李箱举过头顶放到飞机上的储物柜里都成问题，就不要尝试去玩“热气球驾驶员”之类的游戏。

**本出版单位和作者特此声明：本文包含的信息并非完全或刚好适用于你们家的具体情况，我们不赞同也不鼓励任何不负责任的行为。对于任何声称由本书中的任何建议、信息或说明造成的麻烦、损失或伤害，我们概不负责。我们竭力主张，您在任何时候都要遵守生活常识和游戏规则的指引。**

安全警告到此结束。

现在准备好和孩子一起打打闹闹吧！

# 劳伦斯的序
# Larry’s Preface
## 打闹游戏
## 让你与孩子更亲密

与安东尼不一样，我是最近才开始“皈依”打闹游戏的。我的爸爸不擅长摔跤，我的三个姐妹也不擅长。当我还是个孩子时，“摔跤”对我来说就是被比我个头更高、更强壮、更厉害的那些男孩打得落花流水。所以，当我女儿艾玛还小的时候，我极力避免打闹游戏。

但父母之爱有一种强大的力量，除了我对女儿的爱，我无法想象还有什么会迫使我与她开始玩打闹游戏。当我看到艾玛和别人摔跤是那么开心时，我也开始强迫自己接纳打闹游戏。很快，我就成了打闹游戏的狂热信徒，并开始自发传播这个理念。所以，只要你为人父母了，就没有什么会保持一成不变，不是吗？

艾玛十几岁时，我们缩减了之前十分热衷的打闹

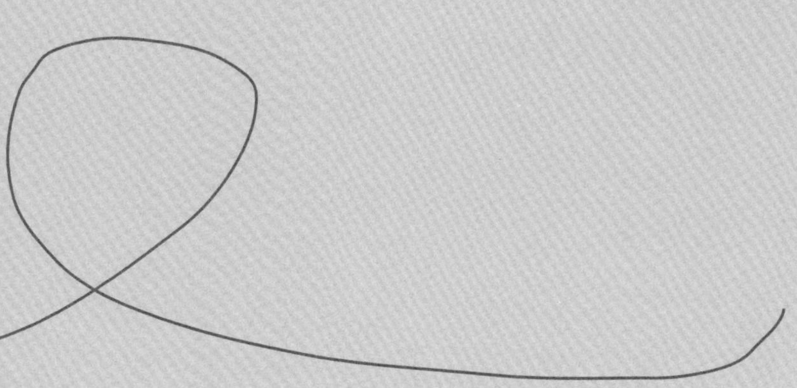

游戏（但并未完全停止），我突然遇到了一个全新的“摔跤”挑战——为了我10岁的继子杰克，我不得不学习一套新的游戏规则，基本上都以不受伤为前提。每次和杰克玩耍的时候，他都像铆足了劲儿，而我们就在时真时假的尖叫声中建立起了亲密关系，尽管这经常让他妈妈惊慌失措地走出房间。

后来我当了爷爷，一切卷土重来，从轻轻摇晃小宝宝，到现在每天与一个6岁的孩子玩“抓怪兽”的游戏。

所以，如果你对打闹游戏有任何犹豫，我要推荐你读读这本书。如果你还没有看过，我邀请你继续读下去，并希望你百尺竿头，更进一步！

# 安东尼的序
# Anthony's Preface

## 打闹游戏
## 让孩子身心更健康

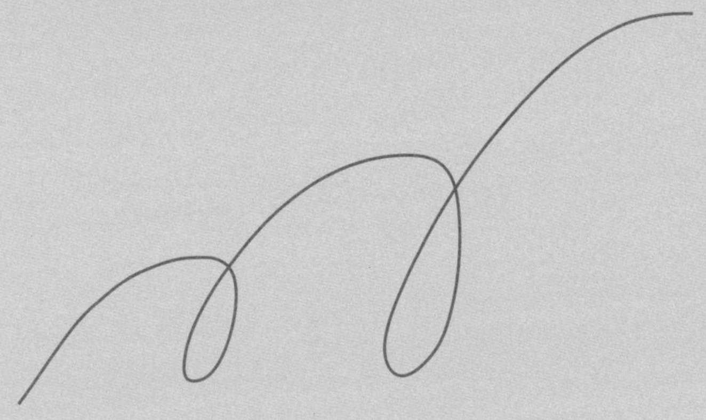

从小到大，我和爸爸总是以身体接触的方式进行互动。虽然常规老套的拥抱很少见，但高举胳膊对击、击掌和熊抱却是家常便饭。对我爸爸来说，这种感情是自然流露的。及至今天，我们依然会偶尔友好地重击对方一两下以表达问候。

2007年，我当爸爸了。我的朋友大卫·弗林和他的家人经常来我家，我们经常在我家的地毯上和孩子们一起打打闹闹。当我们滚来滚去（有时是跑，有时是飞，有时是跳）的时候，我想知道有没有人编写过这样一本书，其中含有打闹和翻滚类游戏，能让父母陪伴孩子一起享受快乐的时光。于是第二天，我就在网上搜索，什么也没找到。很快我就开始展开了关于游戏的科学研究，它们证实了我的感受：**打闹游戏能给孩子带来很多身体、心理和发育方面的好处。**

当我对打闹游戏的科学了解得越来越多时，我意识到我需要招募一位专家，来帮我写一本关于该主题的经典图书。在我的研究中，我偶然发现了《游戏力》（*Playful Parenting*）这本书，作者是劳伦斯·科恩博士，美国波士顿的一位心理学家，多年来专门研究游戏疗法。

劳伦斯的书里有一章是关于打闹游戏的，我特别喜欢。于是，我安排了一次电话会谈，而他当即同意以合著者的身份加入。最后的结果就是本书的出版。

现在我们想要重新启动几年前在那张地毯上开始的那个小想法。

如果你在寻找某件事情来颠覆你的育儿世界（这里的“颠覆”就是字面意思），那么这本书就是你一直苦苦寻找的。就像我妈妈常说的，为人父母没有重新来过的机会。

所以，让我们玩起来吧！

# Chapter 1 Roughhousing Colors Kid's Whole Life

# 第一章 打闹游戏影响孩子的一生

很难用文字记录现实生活中的游戏，
但几乎所有哺乳动物的游戏，
都会给人一种活力十足、无忧无虑的热闹印象。

**雅克·潘克赛普（Jaak Panksepp）**
**美国心理学家、神经科学家**

# 1 什么是打闹游戏

你一看就知道什么是打闹游戏，比如：摔跤、枕头大战、从床上蹦下来、从楼梯上往下滑，以及把孩子向空中抛。打闹游戏在孩子之间很常见，但这本书关注的是一种特殊的打闹游戏：**父母和孩子可以一起享受的体能游戏。**

## 打闹游戏背后的基本原理

在本书中，我们提供了大量的打闹游戏，但首先我们想探讨一下，所有打闹游戏背后的基本原理。

打闹游戏是怎么回事？对父母和孩子意味着什么？

打闹游戏是自发的，即兴而为，流淌着欢乐。不用担心我们看起来有多疯狂，也不用担心流逝了多少时间。它不仅能让孩子们身体更强壮，还会促进孩子的心理健康，帮他们释放紧张与焦虑，提升幸福感。再加上打闹游戏是互动的，所以也有助于构建密切的亲子关系，当我们趴在地板上加入孩子们活力勃发且想象丰富的世界时尤其如此。最重要的是，打闹游戏虽然看起来吵吵闹闹，但实际上并不危险。

只要我们心中谨记“安全”，我们就能运用打闹游戏释放体内富有创造性的生命力，推动我们摆脱各种拘束和僵化，不断超越自己。

**把孩子交给电子屏幕，不如尽情打闹吧**

遗憾的是，打闹游戏如今已成了一门失传的艺术。大量传统的、重要的游戏，包括打闹游戏，已经被各种“屏幕时间”、被家长高度关注的学业，以及对安全的担忧等取而代之。现在，许多父母都铆足了劲儿让孩子远离电子屏幕（更别提控制他们的屏幕时间了，也包括我们自己）。

其实屏幕时间并不都是坏事，有时也具有教育意义，也能乐趣横生。还有一些则是不可避免的，让孩子看电视、玩手机或平板电脑，可以让身心俱疲的父母稍事休息一下。但毫无疑问，大多数美国孩子的屏幕时间远远超出了美国儿科学会和世界卫生组织建议的上限，即5岁以下的孩子，屏幕时间每天不超过一个小时；大一点儿的孩子，美国心脏协会则建议屏幕时间最多为每天两个小时。屏幕时间过长，会导致孩子的睡眠质量变差、学习成绩下降、发育迟缓、抑郁和焦虑等。

屏幕时间并不是孩子健康发育的唯一威胁，甚至也不是首要的威胁，但它与其他问题相关，比如不够活泼和缺乏创意。当孩子的休闲时间被外包给电视、网络游戏以及社交媒体时，他们的户外活动自然会变得更少，投入自发游戏的时间也就更少。

众所周知，孩子的精神和身体都活跃才能算得上是健康。看屏幕具有被动性，会让孩子更难获得精神和身体所需的刺激，但打闹游戏会对孩子的身心健康都有所助益。

屏幕并不是唯一的元凶。父母完全可以为孩子安排很多具有教育意义或更高价值的活动，把他们从网络游戏中拉出来。就像电子屏幕一样，那些辅导班的课程，还有花在比游戏"更重要的事情"上的额外时间，并不都是坏事，但是它们都不像打闹游戏那样符合孩子发育的需要。

### 禁止孩子打闹的危害

打闹游戏的另一个阻碍来自父母。无论孩子做任何事情，只要看起来有情绪或身体上的风险时，父母就会提心吊胆。他们担心孩子会受伤，会被欺负，或在操场上、游乐场上遭到同伴的忽视。最终他们会把自己的焦虑传递给孩子，于是这个世界上的整体焦虑不断扩散，成为一个越来越严重的问题。父母可能觉得，由成人组织的活动更安全，而且比孩子主导的游戏更容易监测和控制。

当然，成年人需要警惕儿童被虐待，包括来自其他孩子的虐待，但这并不意味着打闹游戏应该有禁区，应该被限制。否则，**孩子并不是真的在玩游戏，而是在被玩，被我们玩，被放在我们成年人的游戏棋盘上玩。**在很多方面，父母对孩子膝盖擦伤和情感受挫的担忧，其实遮蔽了更大的风险，比如创造力被扼杀、情感变得淡漠的风险。

我们也遇到过一些家长，他们担心打闹游戏会让孩子患上注意力缺陷与多动障碍（俗称“多动症”，ADHD）。他们认为打闹游戏会让孩子变得粗野、好斗和冲动，而且这种游戏常常会升级为混战，达到一种无法无天的状态。事实恰恰相反，在父母支持和陪伴下的打闹游戏，会帮助孩子调节控制身体和精力。

我们希望借助这本书，帮助更多父母重新认识、爱上打闹游戏，并帮他们建立更牢固的亲子关系。还有什么比刺激的打闹游戏能更好地调动每个家庭成员离开沙发呢？在本书中，我们还会展示如何确保打闹游戏安全，这样你们就可以尽情体验打闹游戏的益处，且不用担心有（过多的）危险了。

## 2 打闹游戏适合所有男孩、女孩和父母

打闹游戏虽然需要内在力量，但不是用力量控制他人。

即使打闹游戏表面上看起来像是在打斗，但它实际上更是一种充满感情的纽带，它更像是在跳舞，而不是搏斗。

这就是为什么说打闹游戏非常适合男孩，因为他们在面对压力时需要具备攻击性，要避免表现出较为温柔软弱的一面。

这也是为什么说打闹游戏非常适合女孩，因为打闹游戏能支持她们发现自己内心的声音，并发挥内在力量去应对这个世界。

打闹游戏也非常适合妈妈们，她们也可以成为力量的榜样。

对爸爸们来说，打闹游戏也非常重要，因为这让他们有机会展示远离激烈竞争和攻击的力量。

我们认为，所有孩子都可以从家里的打闹游戏中受益匪浅。当孩子知道他们有一个安全的家庭基地时，知道他们在身体和情感受到伤害时可以随时钻进你的怀里，得到一个拥抱或好好地哭一场时，知道他

们有机会检测自己的能力和力量，以便充满信心地踏出家门走向外面的世界时，就意味着他们得到了最大的益处。

打闹游戏适合能力水平各不相同的孩子。比如，跑步或行走有障碍的孩子可以享受“慢动作追赶”游戏或“笨熊爬行赛跑”的乐趣。我们认识一个妈妈，她的儿子患有脑瘫，她说：“我和他都喜欢在我们后院的小土坡上一起玩“桶滚游戏[①]（barrel roll）”。他咯咯的笑声总是让我感到欣慰！”事实上，“混战游戏”正是残疾儿童建立亲密关系和自信所需要的。

德国儿童心理学家彼得·史密斯写道，孤独症（自闭症）儿童“通常对假装游戏（pretend play）不是很感兴趣，还会避免大量的社会交往。然而，他们经常享受的一种社交形式却是较温和的‘混战游戏’，且大概是成年人发起的那种形式”。你可以根据孩子的情况，调整一下你的强度，但某个方面的限制并不会让你的孩子变得脆弱。

①译者注：桶滚游戏，一种飞行动作，飞机沿螺旋线路前进飞行的同时绕其纵向轴线做翻滚动作。

亲子打闹游戏还有一个美妙之处，它不需要昂贵的门票、装备或课程，甚至不需要花钱，不会将负担不起此类奢侈品的人们排除在外。打闹游戏也没有民族、阶级或种族之分。

我们在本书中描述的各类打闹游戏，**最佳适用年龄是2~11岁**，但我们坚信，对于优秀的、传统的玩闹来说，没有太年幼或年龄太大之说。它真的是一种普适性的游戏形式，也是一条连接亲子关系的康庄大道。

## 3 为什么要像猴子一样玩闹

有肢体接触的互动类打闹游戏，其实是动物王国中最常见的游戏类型。它发生在每一种哺乳动物以及许多非哺乳动物身上，甚至包括蚂蚁！

第一个探索打闹游戏背后科学性的人是美国比较心理学家哈利·哈洛①。20世纪五六十年代，他在美国威斯康星大学的动物心理学实验室观察年幼的

①译者注：哈利·哈洛（1905—1981），美国比较心理学家，早期研究灵长类动物的问题解决和辨别反应学习，其后用学习定势的训练方法比较灵长类和其他动物的智力水平。

恒河猴[①]。哈洛注意到，那些猴子经常玩一种游戏，他将之描述为“混战游戏”。

某段时期，许多科学家都认为，将游戏作为严肃研究的主题不可行，而哈洛就是在那个时候着手研究的，而且不顾阻力一直坚持研究，并非常详细地记录了这种打斗式的游戏。他观察到，那些猴子经常展露出一张所谓的“游戏面孔”，即张开嘴巴、露出牙齿的表情。对人类来说那样子看起来很凶猛，但对其他猴子来说，这种表情实际上是在说：“我们一起玩吧！”

自从哈洛的研究发表以来，人类行为的观察者们发现，当参与“混战游戏”时，我们与恒河猴有着惊人的相似。人类的孩子有他们自己的“游戏面孔”——他们会微笑或大笑，表示这种打闹是游戏，而不是攻击。而且，和猴子一样，打闹游戏中的孩子会奔跑、追赶、跳跃、逃跑、摔跤、跌倒，以及打斗。开玩笑式的击打用的是张开的手（而不是用拳头），用的力道也要小很多，拥有强权的角色也是轮流扮演的。

在“混战游戏”中，孩子就像年幼的猴子一样，会轮流成为追赶的人和被追赶的人，按住别人的人和被

①译者注：恒河猴，一种亚洲猕猴，毛色呈浅棕色，常被用于医学研究。

按住的人。因为我们和猴子之间的这些相似性，哈洛对“混战游戏”最重要的发现就是，没有参与打闹游戏的猴子无法发育成为心智正常的成年猴子。

## 4 勇敢的游戏宣言

**游戏，尤其是积极的体能游戏，比如打闹游戏，会让孩子变得聪明、情商很高、社交能力强、道德高尚、身体健康，以及心情愉快。**

我们并没有夸张。打闹游戏会激活身体和大脑许多部位，从大脑中负责处理情绪的杏仁核，到处理复杂运动技能的小脑，再到做出高级判断的前额皮层，不一而足。每次打闹游戏的玩乐时间，对孩子的身体和大脑都大有裨益，也有助于人类精神达到最高层次：荣誉、诚实、道德、善良以及合作。

## 5 打闹游戏让孩子变得更聪明

动物行为学家们观察到，越是聪明的物种，其幼崽会越多地参与体能游戏。打闹游戏会释放出一种叫作“脑源性神经营养因子”的化学物质。就像英国儿童心理治疗师玛戈·森德兰在《科学育儿圣经》(*The Science of Parenting*)一书中写的那样，脑源性神经营养因子就像我们大脑的肥料。它有助于刺激大脑皮层和海马体内神经元的生长，而这两个部位对高级学习能力、记忆力，以及诸如语言和逻辑的高级功能至关重要。简单地说，**更高级的学习类游戏会让动物变得更聪明。**



当孩子和父母玩打闹游戏时，他们大脑中的不同区域都会被激活，包括作用于动作协调、创造力和情感依恋的神经通路。这种协调一致的激活会构建脑细胞的连接，换一种说法就是，它会提高智商。

衡量智力的一种方法，就是观察一个人在陌生的情况中会作何反应。世界是复杂的，你不可能记住一系列正确答案，以应对可能出现的种种遭遇。正如马克·贝科夫和杰西卡·皮尔斯在他们合著的作品《野兽正义：动物的道德生活》(*Wild Justice: The Moral Lives of Animals*)中指出的，体能游戏会训练哺乳动物应对变幻莫测的事情，会让它们的大脑在行为方面更灵活，并增强它们的学习能力。对蚂蚁、北极熊是如此，对人类的孩子更是如此。通过与爸爸或妈妈玩打闹游戏，他们能学到许多复杂的东西，比如语言和信任。

美国明尼苏达大学的心理学教授安东尼·佩莱格

里尼，是我们“游戏场所的英雄”，他的报告称，通过儿童在游戏场所的行为，包括他们参与打闹游戏的程度和多少，就能预测他们小学一年级的成绩，是否会优于幼儿园的考试分数。佩莱格里尼发现，更为普遍的是，儿童的自主玩耍，尤其是自由自在地参与打闹游戏，会提高其在学校方方面面的表现，从考试分数到与同学的人际关系。打闹游戏可以提升学习成绩，这只是我们所说的“让孩子变聪明”的开始。

美国神经科学家雅克·潘克赛普在他的著作《情感神经科学》(*Affective Neuroscience*)中总结了体能游戏与学习之间的紧密联系。他写道:“在游戏过程中，动物尤其容易表现出灵活和有创造性的行为。”这也是我们建议，在孩子做家庭作业之前，一家人先玩会儿打闹游戏的一个原因。打闹游戏还有一个更加显而易见的益处，那就是可以发泄精力。

打闹游戏如此有益于学习的另一个原因在于，**打闹游戏能给孩子提供一个机会，即使犯错也不必害怕会受到父母的惩罚。**贝科夫和皮尔斯注意到，不管什么物种，在游戏过程中，违规和错误都会被原谅，歉意也更容易被接受，尤其是当参与游戏的一方尚且年幼，而另一方已成年的时候。如果在一场友好的扭打中，一只小狼崽咬它的妈妈太过用力，狼妈妈会温和地谴责小狼崽，但还会继续和它玩。这很可能就是哈利·哈洛观察到的动物会做出“游戏面孔”的原因。在游戏过程中，动物和人类都需要不断传递一条信息：“如果我搞砸了，不要生我的气，我们这是在闹着玩呢。”在良性的打闹游戏中，父母会对孩子的违规行为或过分的攻击做出一些反应，但他们不会施以惩罚。孩子心情愉快，学习自然事半功倍。

这并不是说打闹游戏会让你的孩子变成天才，但作为有助于刺激儿童智力发育的一个因素，它的价值不能被打上折扣。

## 6 打闹游戏让孩子的情商更高

情商关乎我们自己的情绪管理，并准确地解读别人的情绪。我们成年人很容易理解，因为这些技能对成年人获取成功是如此重要。我们也很容易看到，年幼的孩子普遍缺乏这些技能。打闹游戏有助于他们的情感发展。

在良性的打闹游戏中，孩子们会练习怎样变得活跃，怎样冷静下来，这有助于他们为自己的情绪开发调节开关，而不只是通断开关。这是情商至关重要的一个要素。打闹游戏，是使用非语言的交流来教导孩子与情绪相关的事情，这比讲座有效得多。

在优质的打闹游戏中，你和孩子也会有大量的眼神交流，这是一种非常好的方式，能让孩子逐步提高解读和关心他人感受的能力。

如今，孩子和父母之间存在越来越多的焦虑情绪。你很可能在自己家里也注意到了这一点。而打闹游戏是一种天然的焦虑缓释剂，它能让神经系统象征性地解决“战斗—逃跑—僵住①(Fight, Flight or Freeze Response)”这种应激反应。通过玩闹式的打架、奔跑和蹦跳，父母和孩子都会释放焦虑，恢复情绪平衡。

有时候，孩子们会用打闹游戏宣泄隐藏在表面之下的消极情绪。就在你觉得打闹游戏进行顺利时，他们可能会突然号啕大哭、发脾气，甚至咬人。

安东尼的女儿艾娃，两岁时就经历过一个爱咬人的

①译者注：“战斗—逃跑—僵住”，简称3F反应，是人类进化中一个重要的本能反应，被保存在了我们的基因中。3F反应在遇到危险时会瞬间启动，通过一系列的神经反应与激素分泌（如肾上腺素），提高警觉性和觉察能力，有更多力气去对抗或逃跑。而僵住，也可以译成装死，这个反应也有进化的意义，很多动物会在遇到天敌时通过装死增加生存机会。

阶段。他们每次玩摔跤游戏的时候，她都会在安东尼的腿上大咬一口，而且毫无预兆。安东尼尝试过责备（但这并没有多大作用），后来他退了一步，去思考到底是怎么回事。他意识到，当他在摔跤比赛中明显占据上风，或者在打仗游戏中没能让艾娃以好玩的和非暴力的方式征服他的时候，艾娃通常就会咬他。就好像每次在爸爸终于到家时，艾娃非常渴望立即和他一起玩，但又突然想起了自己经历过的失望，于是就露出牙齿上口了。

了解到这些之后，安东尼开始帮助艾娃更加直接地处理她的情绪。如果他回家晚了，他会说："爸爸回家晚了，谁对我生气啦？来排队吧！"他的女儿就会咯咯地笑着跳到他的身上。这比通过惩罚来消除孩子的攻击性要有效得多。

打闹游戏为孩子的攻击行为提供了一个象征性的竞技场，可以帮助孩子避免将愤怒或沮丧的情绪逐步升级到失控。

## 7 打闹游戏能提升孩子的社交能力

父母们普遍都有一种担心，担心自己的孩子难以交到朋友，而打闹游戏对此有所帮助。

一个简单的动作，比如从一数到三的时候把孩子举到你的肩膀上，或者虚构一个复杂的家庭独有的握手仪式，这些都需要父母和孩子亲密协调。如果你自己有过与朋友或配偶不同步的情况，你就会明白帮助孩子发展社交协调能力是多么有价值了。

打闹游戏与成功社交之间的联系，也可在哈洛的恒河猴案例中得到验证。在我们看来，猴子们嬉闹打斗的样子具有进攻性，但哈洛发现，这种活动对健康的社交能力发展是必要的。事实上，如果年幼的恒河猴不与小伙伴们经常扭打，当它们发育成熟时，都不会交配。就像歌曲《*Let's Do It*》里面唱的："鸟儿会这么做，蜜蜂会这么做……"如果猴子在成长的过程中没有和同伴玩过打闹游戏，它们就不知道该怎么做。

对人类来说，在维护人际关系与修复情感障碍方面，打闹游戏提供了很好的做法。例如，佩莱格里尼从他的研究中得出结论：**在帮助儿童发展社交能力和解决问题的过程中，打闹游戏发挥着重要的作用。**

要成为深受别人喜爱的人，孩子就需要擅长角色互换，学会从其他孩子的角度看事情。这是建构强大社交能力的基石。密切观察动物游戏，可以帮助我们弄清楚为什么打闹游戏会促进这种能力的发展。例如，在《野兽正义：动物的道德生活》一书中，贝科夫和皮尔斯描述了野生猫科动物和其他哺乳动物在玩打闹游戏时是如何轮换角色的。一个当追逐者，另一个当被追逐者，然后它们会调换角色。

领导力和谈判能力是两大关键的社交技能，需要致力于实现双赢的方案：每个人都需要在离开时开开心心的。打闹游戏对促进孩子理解这一概念来说非常好。如果你依靠的是蛮力，最终得到的可能是畏惧你的追随者，但你不会拥有任何朋友。

贝科夫和皮尔斯注意到，在动物之间，“玩耍时，每个个体都没有其他待办的事儿，只是单纯地想玩，这时游戏才会发生。它们会摒弃体型大小和社会等级的不平等，或将之搁置一边”。如果一方变得攻击性过强，游戏就会停止，只有每一方都传递出想要重回游戏模式的意愿，游戏才会恢复。如果较强的动物一直坚持要赢，那么较弱的一方就会退出游戏。游戏的乐趣在于，它会帮助动物（和人）放弃武力，转而依靠友谊的力量。

## 8 打闹游戏让孩子遵守伦理道德

贝科夫和皮尔斯同时声称，伦理和道德并不是人类所独有的。许多物种都会分享、合作、共情、信任、行为互惠并在社会规范方面达成共识。你猜怎么着？道德发展水平最高的动物，参与游戏也是最多的，尤其是体能游戏。

除了人类，玩游戏最多的动物是猴子、猩猩、啮齿动物、犬科哺乳动物（狗和狼）、猫科动物（猫）、大象和鲸目动物（鲸、海豚和鼠海豚），好像动物都需要大量的游戏时间。

自我设障，是动物在游戏中的道德行为最令人惊叹的例证之一。这种情况发生在体型较大的动物与体型较小的对手之间，它们在切磋较量时会故意保留实力。我们将其称之为道德行为，是因为体型较大的动物更在乎的是游戏双方都能玩得开心，而不是最终是否能赢。如果你知道自己具备竞争力，可能就想给自己设置障碍，这样你的孩子就会体验到力量和信心。

美国精神病学家斯图尔特·布朗在他的著作《我们为什么要玩》（*Play*）中提出了一个有力的论据，说明打闹游戏会防止暴力行为，而不是导致暴力行为。他写道："在动物和人类中，混战游戏对社交意识、合作、公平和利他主义的发展与维护，都是必要的。这种游戏的性质和重要性通常不受重视，尤其被焦虑的父母忽视，他们往往不会将混战游戏视为一种正常的游戏状态，而是将之看作一种必须加以控制的混乱状态。”



布朗更进一步，将混战游戏与控制个人攻击性的能力联系起来：“缺乏玩混战游戏的体验，会阻碍正常的互惠互让精神的形成，这种精神对掌握社交能力来说，非常必要，缺乏的话会导致日后不能很好地控制暴力冲动。”

换句话说，当和孩子玩打闹游戏时，我们要向他们示范，更大更强的人是如何控制实力的。我们要教他们学会自我控制、公平与共情。我们要让他们赢，给他们信心，并证明赢并不是最重要的。我们要向他们展示，合作能实现多大的成就，以及如何建设性地引导竞争欲望，不让其占上风。我们要信任他们，向他们表明我们是值得信赖的，并指导他们如何信任自己。这些构成了孩子们健康的道德标准的要素，当他们离开家庭、踏入社会时，会成为他们的行为指南。

说起伦理道德，其实打闹游戏提供了一个非常好的机会，让家人讨论并练习怎样“赞同”。我们看到太多的青少年和成年人对“赞同”一无所知，或者故意无视它的存在。其结果就是，他们可能会触犯他人的边界，带来悲惨的后果。

父母往往不知道应该怎样以及在什么时候开始讨

论身体接触和两性关系方面的“赞同”。他们可能害怕过早地引入这个话题，会让彼此都感到尴尬。但是“赞同”不仅仅关乎性。在打闹游戏中，“赞同”意味着在将孩子举高高之前，或在抱摔父母或兄弟姐妹之前先问问他们的意见。“赞同”意味着不管是建立连接还是中断连接，都要时时刻刻保持与对方同频，不断地扪心自问：对方很享受这个活动吗？我很享受这个活动吗？我们都很安全吗？

## 9 打闹游戏让孩子身体更健康

打闹游戏有益于身体健康，对父母和孩子来说都是如此，无须过多阐述。想亲眼看看打闹游戏是如何胜过健身房或学校的体育活动的，那就试试“海豹突击队”或“猫跳跑酷”吧，这也是这本书中更需体力且更具挑战的两个活动。

此外，我们还想阐述一些比较微妙的观点。身体健康不仅关乎体力，还需要复杂的运动学习能力、专注力、协调性、身体控制能力、心血管健康，以及柔韧性。我们的一些动作需要极大的专注与力量，而有些动作则需要肢体协调与柔韧灵活。

不用担心！找到自己的极限，也帮助孩子找到他们的极限，然后可以在下次你们一起做某个动作时微微超越一下这个极限。你会发现，这样做不仅会赋予这个活动新的生命力，也会赋予你本身新的生命力。

记住，并不是所有的体力活动在创建时都是平等的。在《课间休息》(*Recess*)一书中，作者佩莱格里尼解释了为什么体育课和课间休息带来的益处不一样。它们都允许孩子们跑来跑去，宣泄精力，但是，自由玩耍更为重要，因为只有课间休息才能提升学习成绩，带来更好的社交和人际关系。当你和孩子玩打闹游戏时，要从固定动作向即兴表演过渡，请记住这一点：**即兴的打闹游戏与课间的自由玩耍是近亲，后者还有个附加好处，就是不会有人受到排挤或挑剔。**

## 10 打闹游戏对成年人也好处多多

打闹游戏会开发儿童的大脑，但成年人的大脑也需要训练。以下也是斯图尔特・布朗的观点："在我们20岁之后，我们的大脑并不会停止继续发育。游戏非常有可能继续催化神经发生(神经细胞的生长和连接)，这将贯穿我们的一生。痴呆症方面的研究表明，体能游戏可以预先阻止智力下降。研究表明，持续使用智力游戏、趣味运动、比赛，以及其他形式的游戏，与对抗神经退行性疾病之间存在关联。”因此，还有一个很好的理由能让我们离开沙发玩打闹游戏——**它能让“老母亲”“老父亲”的脑袋保持年轻！**

事实上，打闹游戏的所有好处，从提升我们的情商（当我们与孩子同频时），到练习共情并做出道德判断（当我们克制自己的力量，让孩子把我们打败时），既适用于孩子，也适用于我们自己。积极主动的体能游戏是父母与孩子之间建立牢固、亲密、持久的亲子关系的最好办法。显而易见的是，这样的联系对孩子来说是好消息，对成年人来说更是好消息。许多父亲还特地告诉我们，他们喜欢打闹游戏的原因在于，它始于体力活动，但让他们延伸到了其他不那么熟悉的领域，比如情绪感受、亲密关系和亲昵行为。

一位爸爸告诉我们，他经常和儿子一起“去小树林和湿草地之类的地方，在那里我们会做些傻事儿，却一点儿也没有感到难为情”。沙子和泥土把他们弄得脏兮兮的，但那是乐趣的一部分。他还说，这种野外的疯玩“对于脾气不好的人来说是一剂良药”。这位爸爸意识到这样的游戏有深刻的意义。“我们会一起踩水坑，或在尘土上蹦蹦跳跳，或大喊大叫，或一起高歌，有时我们会说很多话，有时则一个字都不说。但我们之间从不会出现空洞的沉默——那时我们并不需要用言语去填补空白。”

## 11 打闹游戏将为我们带来更多快乐

看到这里，你或许已经判定我们是彻头彻尾的打闹游戏拥护者。如果你也成了一个信奉打闹游戏的人，那么你不需要做什么研究调查就能确信，尽情地嬉戏玩耍对父母和孩子来说都很有趣。然而，即使是我们，也会惊讶地认识到，打闹游戏的乐趣和欢乐已在我们的大脑中固定下来。

在《情感神经科学》一书中，潘克塞普解释说，大脑有许多回路，用于处理不同的任务：语言、记忆、情感依恋、风险评估和游戏玩耍。他发现，当哺乳动物的大脑中负责游戏玩耍的回路被激活，尤其被打闹游戏激活时，就会产生欢乐。即使迷宫的尽头没有食物，老鼠也愿意学习如何走迷宫，因为只要老鼠到达那里，就有机会与另一只老鼠打打闹闹。

人们训练水獭，让它游过一个圆环，然后就能得到鱼作为食物，而它们会自己创造出新的游戏内容。贝科夫和皮尔斯也对这项研究做了总结："游戏不仅是一件严肃的事儿，同时也是好玩的事儿。"

# Chapter 2 The Art of Roughhousing

# 第二章 打闹游戏是一门艺术

不要畏手畏脚、过于拘谨。
人生就是一场实验，实验做得越多越好。
你的行为可能有点难看，也可能会弄脏或撕破你的外套。
但那又怎样？
你可能失败，甚至可能在泥中翻滚一两次。
但那又怎样？
重新站起来，你将永远不会害怕跌倒！

拉尔夫·沃尔多·爱默生（Ralph Waldo Emerson）
美国思想家、文学家、诗人

打闹游戏是一门艺术。本章将帮你开启以及提高你的技能。首先，我们将探讨这门艺术的四大模块：打闹游戏的思维模式、安全策略、有益身心的秘诀，以及如何解决常见的挑战。然后，我们会分享一些你和孩子能立刻玩起来的动作。

## 1 打闹游戏的思维模式

打闹游戏的思维模式有两部分：基本目标和基本态度。

### 目标：建立亲密感，树立自信心

目标就是要建立亲密感，树立自信心。亲密感是陪孩子玩耍带来的丰厚回报。如果掌握了打闹游戏的艺术，你就会向孩子发出强烈的信号：我会保证你的安全，而且我们会比以往任何时候更亲近，联系得更密切。

当你陪在孩子身边时，孩子觉得可以依靠你，就会发展形成自信心。亲子打闹游戏的目标不在于输赢，也不是让孩子变得坚强，而是让孩子知道：**你的力量在这里很受欢迎，在这里，你可以很强大、很自信。**

## 方法：试试角色转变

要实现这个目标有一个好办法：在玩的时候进行角色转变。让孩子成为强大的一方，比如怪兽、吓人的狗、打针的医生等，同时你可以夸张地表现出害怕、笨拙或没用的样子。这种角色转变，能让孩子有机会感受自己的强大，并通过阵阵欢笑缓解他们的紧张。当孩子有所怀疑时，就故意摔倒！摔倒总是会引人发笑，还有助于让孩子变得自信，因为这意味着他们并不总是那个更小、更弱、更无助的人。

## 态度：格外的热情、精力和亢奋

对父母来说，对待打闹游戏的基本态度就是表现出格外的热情。喧闹的游戏看起来可能就是简单的体力活动，但就像前美国职业棒球大联盟的捕手、教练尤吉·贝拉针对棒球运动所说的："棒球运动90%靠的是心智，其余才是体能。"

我们可以非常简单地将这种心智活动总结如下：需要格外的热情、格外的精力和格外的亢奋。当你把这些品质带到打闹游戏中，它们总是会让小朋友们难以抗拒。而身为父母，在今天这个时代，我们需要帮助孩子削减看电子屏幕的时间。

如果你达到这种思维模式尚有困难，那就审视一下自己的内心。你格外具有竞争力吗？你担心有人会受伤吗？是不是你小时候玩打闹游戏时有过糟糕的经历，因而经常在脑海中再现往日的情景？你是否感到疲惫不堪，只想躺在长沙发上闭目养神？这些感受都会向你发出信号，要么轻轻推自己一把，休息一下，要么振奋起精神开始打闹游戏。

## 2 打闹游戏的安全策略

**要小心，但无须过分小心**

遗憾的是，在许多家庭中，打闹游戏是被禁止的，或者不断地被“多加小心”的训诫和警告打断。曾经“安全第一”的座右铭，已演进为一个令人焦躁的新座右铭——“只要安全”。

我们建议，家人一起玩打闹游戏时要谨慎，但不要过于谨慎！安全的打闹游戏源于知识与练习。然而，尽管我们做了最好的预防措施，意外情况偶尔也会发生。孩子的关节，主要是肘部、手腕、膝盖和脚踝，难免在打闹游戏过程中受伤。要特别注意这些部位，并尽可能保护它们，避免猛拉猛拽或过度拉伸。打闹游戏还可能伤到脑袋和脖子，因此在做任何涉及这些部位的动作时，都要非常小心，如果你的孩子还是婴幼儿，尤其要注意。在推出复杂的动作之前，先借助一个大枕头好好练习。

如果孩子的脑袋撞到了某个硬物的表面，并且似乎有头晕目眩或意识混乱的情况，或发生了呕吐（你还应该半夜再检查一次），就要寻求医疗救助。当你不确定的时候，打电话给医生，或打急救电话，或立即去急诊室。

你还要小心自己的腹部遭受“突然袭击”，如果孩子决定跳到你的肚子上时会发生这种情况。脾脏和胰腺位于肚子的上半部分，对这种冲击非常敏感，并且会受到严重的伤害。

### 这些行为要严格禁止

另一个重要的安全因素是记住要遵守打闹游戏的规则。你应该以身作则：**用拳打人、踢人、咬人、挠人、扯头发、掐肉或摔跤时锁头，都是不允许的。**把你自己的动作限制在推、拉和抓握。如果发生违规行为，不要突然终止打闹游戏，而要冷静地审视规则，倾听孩子有什么要说的，然后在每个人都做好准备后重新开始。

在开始打闹游戏之前，花一分钟确保你们所处的环境是安全的。留意任何卷边的地毯、玻璃花瓶、吊扇，以及其他潜在的危险。摘下珠宝、手表等任何可能会断裂或伤害到别人的东西。

本书中的许多动作和游戏最好在柔软的地方进行，比如垫子上、地毯上或草地上。避免在瓷砖、硬木地板和水泥地上进行。

我们建议，先在脑海中再现整个动作，自己先进行练习，然后再和孩子一起玩，尤其是当动作和游戏很复杂的时候。

## 3 打闹游戏的六大原则

这些小贴士是你在陪孩子玩耍的过程中，滋养牢固亲子关系的秘密配方。

### （1）与孩子的节奏保持一致

一些父母会在自己准备好游戏时，就对孩子“突然袭击”。他们会一把兜起孩子抛向空中，让他们大呼小叫，还把他们上下颠来倒去，甚至不去察觉孩子到底想不想玩打闹游戏。我们承认，我们自己也曾这样做过！与突然袭击相反，另一个选择是与孩子协调一致。在你抓住孩子，做超级翻转或空中飞行之前，先看看你的孩子吧。他们是否面色平静且怡然自得？也许你可以坐在孩子身边，一起享受片刻的放松。然后，慢慢地引入更加喧闹、更需要身体活跃的游戏类型。**充满野性和活力都是很好的事，而这也是本书的主旨所在，但注意不要让孩子受到惊吓，这样打闹游戏才会产生最好的效果。**即使你以温和的方式引导孩子开展他们并不感兴趣的活动，也要同时审视你自己，看看你在促成这件事方面是不是做得太过了。如果没有，那就后退一步，陪孩子玩他们喜欢的游戏，不管是些什么游戏！

### （2）遵循自然的能量消耗曲线

积极的、健康的打闹游戏要遵循自然的曲线，即一开始孩子会很平静，能耗很低，逐渐上升到巅峰，然后慢慢放松下来。包括我们在内的父母，犯的最大的错误，就是在巅峰（即曲线的顶点）骤然停止打闹游戏，而没有考虑到让孩子的身心慢慢放松下来。但是这很容易避免：**计算出你的孩子从开始玩到筋疲力尽、完成整个曲线过程通常需要多长时间就可以了，通常在20~40分钟。**确保你们从开始打闹游戏，到要求孩子安静下来吃饭、洗澡或睡觉，留足够的时间，再加一点儿在垫子上放松的时间。这可能意味着你得稍微改变一下你们的时间表，但你们会立即看到回报。

### （3）了解孩子的刺激水平

所有孩子都会对过多或过少的刺激做出反应。有些孩子的反应会非常强烈，甚至走向极端。**父母的任务就是要了解孩子想要或需要多少刺激，并将刺激保持在那个范围内。**你可以说话温和一些，动作缓慢一些，并在动作与动作之间休息一下，以此降低刺激水平。你可能还想更加闹腾、迅速和狂野，通过这种方式让打闹游戏活跃起来。孩子的开心、微笑和大笑都是一种提示，说明他们现在正处于适当的范围内，并没有偏离自然的能量消耗曲线。

### （4）留神听孩子的咯咯笑声

**如果你做了什么事情能让孩子大笑，那就再做一次，然后重复。**这个建议可能看起来平淡无奇，但成年人很容易先于孩子厌倦一件可笑的事情。要激发孩子咯咯的笑声，那就装笨扮傻吧，比如丢掉你的尊严并故意摔倒，方法多着呢。另一个能让人大声欢笑的办法是即兴表演。和孩子一起大声喊叫，表现出自己的狂野，极尽夸张，充满活力。当然，有时候，孩子在打闹的时候会全神贯注，注意力高度集中，而不会咯咯地笑，因为他们正在学着掌握一项技能，比如迈出一大步，或逃离想象中的熔岩流。

**（5）停止令人讨厌的呵痒**

逗孩子咯咯笑的规则有一个例外，就是呵痒。因为呵痒而发出的笑声并不是自愿的，也并不一定就意味着你的孩子觉得好玩。你很容易认为自己带来了笑声，而实际上孩子的神经系统已经超负荷了。尤其是按住一个人，用你的手指戳碰的那种呵痒，就是你的哥哥或叔叔用过的那种方式。相反，你可以尝试迅速地稍微呵一下痒，就和孩子紧紧搂抱在一起，或轻轻戳一下，在下次那么做之前，总要让你的孩子喘一口气。也可以看看，你假装呵痒能激发孩子多少笑声。所谓假装呵痒，就是你差一点儿就要碰到孩子的痒痒肉了，但还没有完全碰到。

**（6）不要害怕让孩子赢**

对于年幼的孩子来说，尤其如此。让他们赢不会让他们变弱，而会给他们带来信心。在家里获得胜利，会帮助他们更勇敢地面对外面的世界，要知道在外面，同龄人可不会轻易让他们赢。还有，别担心，当他们准备

 好尽最大的力气时，会让你知道的。

## 4 如何解决游戏中的常见问题

即使你怀有最好的意愿，在打闹游戏中也会时不时地出现一些难以预料的困难，需要你去处理。下面的内容会告诉你如何解决较为常见的一些问题。

**（1）如果打闹游戏正在失去控制，就要频繁地喊暂停，以确保游戏顺利进行。**和孩子一起设置一个表示“暂停”的暗语，并在打闹游戏的过程中经常使用，这样你的孩子就可以练习如何活跃与如何冷静。像“香蕉奶油派”这样傻乎乎的暗语用起来效果最好。一喊出暗语，你就要停下来，像雕像一样保持“冻结”状态，鼓励孩子也和你一样。大多数情况下，冻结时间应该非常短暂，只要够说出那个暗语就可以了。有人受伤或为了修订游戏准则而中断时，冻结的时间可以长一些。当每个人都准备好开始的时候，再用同样傻乎乎的暗语表示“重新开始”。

**（2）如果孩子在打闹游戏过程中真的生气了，那就停下来暂时休息一下，并找一些更安全的方法来让孩子宣泄愤怒。**比如聊聊生气的事情，跺跺脚，或者像熊一样咆哮。在极度的愤怒状态中，不适合继续玩打闹游戏。对于这种来势汹汹的情绪，请表达你的同情与理解，当孩子的情绪稳定一些的时候，再重新开始打闹游戏就好。

**（3）如果你或孩子受伤了，就暂停游戏并提供情绪急救。**即使只是受了小伤或是假装受伤，也要对孩子进行情绪方面的急救。孩子夸大伤情或者假装受伤，通常是在传递一个信号，表明他有一些深层的情绪想要表达，并且在寻找一种安全的方式。如果出现这种形式的受伤，不要反驳说："别装了，你没有真的受伤啊！"而是要懂得倾听。还要慷慨地使用"创可贴"，它们是很好的情绪治疗师。

**（4）如果打闹游戏导致孩子流泪或大发脾气，不要放弃。**这些情绪反应都是非常正常的，打闹游戏会给孩子带来情感上的安全感和亲密感，让孩子流露出更深层的感受。这时候可以暂停打闹游戏，休息一会儿，倾听并安慰孩子。孩子流泪或发脾气，是我们了解孩子内心真实感受的最好方式。我们不要逼迫他们尽快擦干眼泪或停止发怒，而是要允许他们充分宣泄，还要给予他们呵护与关注，这会让孩子重新找回快乐的感觉，让他们很快回到打闹游戏中。

# 5 关于打闹游戏的总结

## 思维模式

- 目标是建立亲密感和自信心
- 要有格外的热情和充沛的精力
- 打闹游戏和输赢无关

## 安全策略

- 奉行“安全第一”，而不是“只要安全”
- 确保周围环境是安全的
- 保护关节、脑袋、脖子和肚子
- 遵守打闹游戏的规则

## 打闹秘诀

- 与孩子的节奏保持协调一致
- 遵循自然的能量消耗曲线
（低能耗——强度顶峰——逐渐平复下来）
- 了解孩子的刺激水平
- 留意听孩子的咯咯笑声
- 停止令人讨厌的呵痒
- 不要害怕让孩子赢
（直到孩子想要你全力以赴）
- 不确定的时候，就假装摔倒
- 尝试角色转换
（让孩子扮演强大的一方）

## 解决难题的方法

- 停止游戏或放慢动作
（以防止恶化）
- 暂停休息
（当孩子生气的时候）
- 身体和情绪上的急救
（不管孩子是否真的受伤）
- 暂停并带着同理心倾听孩子内心的声音
（当孩子流泪或发脾气的时候）

# 6 打闹游戏前的热身运动

这个快速热身计划会让你精力高涨，让大脑的齿轮转动起来。在玩本书中的游戏动作或其他游戏之前，可以先做一下这些热身运动。

① 面对面站立，单脚或双脚分开，轮流冲对方大声喊:“哈！”这种互动通常会让每个人咯咯地笑起来，并放松下来。

② 在你身前伸出双手，肘部弯曲，离孩子的手几厘米远。开始慢慢画圈或沿直线移动，努力感受你们双手之间的“力场”，感觉就像你在推对方或被对方推一样，即使你们并没有实际接触。让这种“力”在彼此之间流动，以便练习与孩子节奏一致。

③ 开始时保持同样的姿势，但这次你们的手掌要碰触在一起。逐渐更用力地互推，但要让你们的力量保持势均力敌，这样不至于把其中一方推得太远。

④ 努力把另一个人推下垫子，或将对方推出在地上画的圆圈或假想出来的圆圈，通过这种方式加入竞争元素。保持肘部弯曲，设法避免突然的猛推。

⑤ 在地上铺一个垫子或折叠好的床罩。用双手和

膝盖着地，肩并肩地爬上去。开始做慢动作的互动，相互碰撞，从对方身体上越过去，或从对方身体下穿过去，就像海豚在嬉戏一样。

⑥ 在步骤⑤的基础上再加入竞争元素。设法移动平躺在地上的另一个人。

在每一步中都请注意你的感受：你迫不及待地想要进行较量吗？你担心自己受伤或伤到孩子吗？你感觉这样很傻吗？你担心自己做得不对吗？你会不会因为没有与自己的父母这样玩过打闹游戏而感到伤感？或者因为你小时候也这么玩过而怀旧呢？

所有这些感受都很好，都可以帮你发现自我。

## 7 入门级打闹游戏

### 坐飞机

这个堪称经典的动作，非常适合0~3岁的婴幼儿，但是大点儿的孩子也很喜欢。你平躺在垫子或床上，双腿弯曲，臀部和膝盖呈90度角。让孩子腹部朝下趴在你的小腿上，然后你前后左右（连同孩子一起）移动你的双腿。这样他们就会体验到失重和不确定性带来的兴奋，而且还不会把午餐吐出来。

### 越狱

用沙发垫搭成一座虚构的“恶魔岛[①]监狱”，或者用客厅小地毯的边缘划定一块区域当作“恶魔岛监狱”，让孩子把你关在里面。然后，你开始大胆地越狱，让孩子再次将你围捕起来，并把你送回监狱。一开始你要轻易地屈服，然后逐渐让孩子越来越难抓到你，最后将你艰难地拖回到监狱中。发挥你的想象力，给这个游戏增添些趣味，比如假装问：“水里该不会有鲨鱼吧？”

**游戏变体：** 有的孩子更想要扮演邪恶残忍的越狱者。在这种情况下，你要在一次次玩这个游戏时，提升越狱的难度，让孩子更难越狱成功。

### 就要抓住你啦

在这个追逐与差点儿追上的游戏中，你要做的就是在孩子屁股后面追，努力地想要抓住他们，但总是在最

①译者注：恶魔岛，是位于美国加利福尼亚州旧金山湾内的一座小岛，该岛面积为0.0763平方千米，四面峭壁深水，因而被美国政府选为监狱建地，关押过不少重刑犯，于1963年废止。“恶魔岛”之名源于该监狱的一名囚犯菲利普·格罗瑟写的《山姆大叔的恶魔岛》一书。他把自己的铁窗经历写成书，揭露了当时监狱的恐怖与黑暗，曾有80余名犯人策划实施过越狱。

后一刻差那么一点没有抓住他们。如果你夸张地摔倒，还可怜兮兮地想去抓他们的腿，你一定会听到他们更疯狂的笑声。然后站起来，再来一遍。

有些孩子可能会明确地告诉你，他希望你最后能够成功抓到他，并和他亲密地搂在一起。否则，这个游戏的结局就得是你抓捕失败，并崩溃地表示要放弃努力。

**身体封锁**

这个游戏需要你把孩子似松而紧地抱在大腿上或抱在胸前，然后阻止孩子挣脱你的控制，或从你紧紧的拥抱中溜走。你可以紧扣自己的手腕或肘部，以便紧紧地、安全地抱住孩子。你可以大肆吹嘘，你制造的身体封锁可以防止任何人逃脱："你们绝对不可能从我这里逃脱！"然后每当孩子设法逃脱的时候，你都要表现得分外惊讶。

在后续的游戏中，你要逐步增加控制的力度。

要想有点儿变化，可以尝试与一群孩子玩这个游戏。你会发现，有的孩子喜欢向兄弟姐妹或小伙伴寻求帮助，而还有的孩子则喜欢完全依靠自己的力量挣脱。

### 粘住啦

假装你的手一碰到东西就会被粘住（例如地面、桌子、孩子的腿），孩子的任务就是把你的手指从物体上掰下来。让他们也这样做，但要让他们为之付出努力。一旦你的最后一根手指自由了，就立即让手粘在另一个物体上。

**游戏变体：**假装你的两只手有磁性，你可以用它们控制住任何东西，比如孩子的身体。

### 一指神功

引导孩子只用一根手指轻叩你的胸部。当孩子这样做的时候，你夸张地发出碰撞声，然后摔倒在地上，并假装痛苦地发出嚎叫。要真正地把你的尊严丢到一边，让孩子开怀大笑。你可以说："你绝对不会再把我撞倒！"然后重复"摔倒在地—发出嚎叫"这一套动作，直到孩子信心满满。

事实上，无论什么时候，只要你不确定接下来要做什么，都可以夸张地发出碰撞声，并假摔倒地。

### 狂野小马

婴儿喜欢坐在大人的膝盖上，被轻轻地上下颠动，偶尔出其不意地往下坠落几厘米，他们就更兴奋了。在和大点儿的孩子玩这个游戏时，你可以模仿一场马术竞技表演。

让孩子坐在你的膝盖上，脸朝外，你把双手放在孩子的腋下，然后上下颠动膝盖。动作幅度可以更大一些，就好像你是一匹刚刚喝了好几升咖啡因（兴奋剂）的野马。

**笨拙的食人鱼**

孩子都喜欢危险的动物，尤其当那些动物并不会真的带来危险时。把一个玩偶或袜子套在你的手上，然后追赶孩子，假装那个玩偶是食人鱼(或其他致命的动物)，它虽然很凶猛，却滑稽地没什么本事。你假装跌跌撞撞的，总是在最后一刻丢失“猎物”(也许可以咬到椅子，并假装惊讶地从你扮演的动物嘴里吐出碎片)。这个游戏特别适合那些正在学习如何控制攻击冲动的孩子。

**脱袜子**

这个游戏两个人玩非常有趣，但一群人玩会更有趣。所有参与者都穿着袜子坐在地板上，双腿伸向中间。随着发令人宣布“游戏开始”，参与者要千方百计拽掉别人的袜子，同时保护自己的袜子不被脱掉。你可以把拽下来的别人的袜子塞进口袋，但袜子的主人也可以一把将袜子夺回来再穿上。

将一只袜子穿到脚上，同时防止别人偷走另一只袜子，这比你想象的要难多了。当只有一个人——获胜者还穿着袜子，而其他人都光着脚时，游戏结束。

**爸爸斜塔**

这个游戏的名字与意大利著名的比萨斜塔有关，但我们之所以把比萨斜塔改成“爸爸斜塔”，是因为爸爸要扮演斜塔，爸爸可以邀请孩子爬到自己身体上。如果孩子和你齐腰高，就把孩子往上拉一点儿，然后假装你是一座斜塔。你可以来回摇晃，用脚后跟走路，稍稍转一转。最后，夸张地发出碰撞声，并摔倒在地上。确保着地时你在下面，而不是压在孩子身上。当然，这个游戏也可以叫“妈妈斜塔”!

**凹凸不平的坐垫**

如果你的孩子坐在沙发上，你可以假装没看到，然后轻轻坐在孩子身上。你可以说：“天哪，这些坐垫怎么凹凸不平呀！不知道我坐的是什么。”尽可能延长这个悬念，直到最后你假装刚刚意识到凹凸不平的原来是你的孩子。

如果你试图坐上去的时候被孩子从沙发上推开，可以滑稽又惊恐地说：“这沙发怎么回事啊，好像不想让我坐在上面！”然后你要宣称：“不管怎样，我都要再试试！”

**温柔地推挤**

与婴儿的身体接触，主要是为了刺激他们的感知觉的发育。在地板上铺一块毯子，让你的小宝贝仰卧在上面（也可以是沙发或床上），然后用你的头和脸轻轻推挤孩子的身体。请注意，不要用手哦！因为你的头发和五官会给孩子带来丰富而有益的感官刺激。如果孩子推开了你，你要故意作出夸张的反应，身体先向后仰，然后再回来进行更多次“进攻”。

**奥林匹斯山**

太阳系中已知的最大的火山，就是火星上的奥林匹斯山。和孩子面对面坐在床上或沙发上，假装你们正坐在奥林匹斯山的山顶上，四周都是滚烫的岩浆。可以设法将对方推入岩浆，也可以展开激动人心的营救，交替进行。

### 小小不倒翁

你坐在地上，双臂环抱双腿，将身体蜷成球状，告诉孩子做同样的动作。然后你们一起朝着预先定好的终点滚动，看看谁先到达。一路上你们可能会“意外地”碰撞到对方哟！

### 两个锯木匠

我们这里讨论的不是美国作家马克·吐温著名小说里的主人公，而是一个游戏，在这个游戏中，你的孩子变成了想象中的横切锯，两个大人则扮演锯木匠，床就是游戏中的“树”。两个“锯木匠”要呈对角线站在床的边角上，锯子（也就是孩子）要四仰八叉地躺在床上，将两只胳膊举过头顶。然后两个锯木工来回拉床上的“锯子”，一个人拉手或胳膊，另一个人拉腿或脚。当这棵“树”快要倒下的时候，锯木匠可以大喊一声：“木头倒啦！”然后大笑着倒在床上。

这个游戏的灵感来自一对很爱玩的父母，他们有一个得了自闭症的孩子。他们将这个游戏称为“我的孩子”或“不，我的孩子”。每当他们把孩子拉向大床的一角，就会大喊“我的孩子”或“不，我的孩子”。

### 独轮手推车

这个经典游戏无须过多解释。让孩子先做一个俯卧撑的姿势（手掌和腹部靠在地板上，双腿向后伸展），从后面抓住孩子的脚踝，抬起来，然后你就可以开走了！在家里四处摆放一些坐垫，或将枕头摞起来，方便孩子撞上去。可以零散地放置一些奖品，在移动的过程中让孩子用一只手去抓奖品，这样会增加孩子的力量和身体的协调性。

### 滑稽的即兴爵士乐

最后这个是即兴的打闹游戏，受到了自由爵士乐先驱桑·拉的启发。我们很喜欢这个人，因为他声称自己来自土星，而他的音乐会让你相信这一点。

这个游戏在形式上很自由，是即兴创作的打闹游戏，游戏的规则、节奏、能量水平和动作，可以在你和孩子一起玩耍的过程中逐步发展起来。你们可能永远都不清楚谁是主导者，谁是追随者。你可以在游戏开始时四肢着地，对孩子使用激将法，让他们来抱摔你。或者你们也可以用木勺敲打锅碗瓢盆，随意地跳舞。又或者不用手或脚来爬楼梯，就像在土星上那样。总之，想办法疯玩起来吧！

# Chapter 3
# Flight

## 第三章
## 飞行类游戏

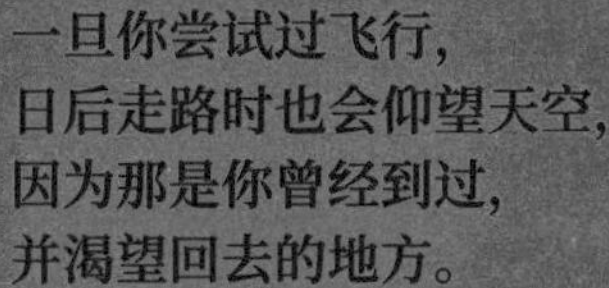

一旦你尝试过飞行，
日后走路时也会仰望天空，
因为那是你曾经到过，
并渴望回去的地方。

**达·芬奇（Leonardo da Vinci）**
**意大利画家、自然科学家、工程师**

# 1 神奇的飞行类游戏

安东尼的女儿艾娃三岁时，有个阶段“只要妈妈”。每天晚上快要吃完晚饭时，她就会大声宣告：“我只要妈妈抱我上床睡觉！”如果安东尼坚持要参与进来，她的要求就会更加强烈，或逐步升级为崩溃大哭。

于是，一天晚上，安东尼尝试了一个不同的方法。他邀请艾娃进入他的“飞行器世界”，和他一起去“旅行”。每天晚上，安东尼都会变成一种不一样的飞行器，比如飞机、热气球、喷气式飞机等，然后载着艾娃“飞”到楼上，飞到床上。经过几次“旅行”之后，艾娃就爱上了这个仪式，将爸爸“驱逐”出哄睡时间的情况消失得无影无踪了。

“被驱逐”的父母可能都会有一种挫败感，觉得既然孩子嫌弃自己，那就放弃陪孩子玩耍吧。但借助飞行类游戏，安东尼和艾娃共享了兴奋和亲密的感觉，他们的关系也朝着好的方向更进一步——他们建立起了亲密关系，而不是渐行渐远。

当安东尼变成“受欢迎的爸爸”以后，回到哄睡仪式中，他很快就意识到一个真相，艾娃说“爸爸，走开”时其实是在说：“爸爸，我想你了，你一走就是一整天，我还没准备原谅你呢。” 

在家里的楼梯上飞来飞去，父女俩不仅建立了亲密感，还增强了信任度，而这也是我们为什么选择飞行类游戏作为开篇，来深入探索打闹游戏的原因。

**我们的飞行动作都是为了学习信任：信任自己、信任别人，以及信任地心引力！**

当然，要让孩子学会信任，你首先必须是值得信任的。任何往上升的动作，最后都会往下降，因此要确保你伸出双臂把孩子抛起来，还要牢牢地把孩子接住。更重要的是，在做这些飞行动作的过程中，你必须时刻关注孩子的情绪，这样你才能分辨出他们兴奋和恐惧之间的微妙差别。惊慌与开心有时会有些相似，所以要留心察看孩子的面部表情，以便精准地了解孩子喜欢什么、讨厌什么。

飞行类游戏的动作，还会刺激到孩子的前庭系统，这对大脑健康发育是一个必要的组成部分，而它常常被我们忽视。

前庭系统位于我们耳朵的内耳部分，它是错综复杂的，呈螺旋状且充满神经的“洞穴”，是控制人体运动能力的中心，可以调节平衡。它让我们知道自己身在何方，是怎么从那里到达这里的，以及接下来又要去哪里。当我们做旋转身体或上下颠倒的动作时，内淋巴液会在前庭的“洞穴”中流动，这让我们的协调能力，旋转和直线加速的技能，以及敏捷性都能得到提升。

正是通过这个过程，你的大脑才知道，在进行体育活动时，你的身体旋转或快速移动起来是什么样的感受。长期以来，理疗师和专业的治疗专家都在采用这些温和的飞行类游戏动作，帮助协调性较差的孩子赶上同龄人的水平。它们也有助于治疗成年人的一些症状，比如眩晕，走路经常容易摔倒。所以，系上你的披风吧，是时候起飞了！

## 2 飞行类游戏的五个基本技能

### 托举

最好的方式就是托着孩子的腋窝，将他们举起来。你也可以托着孩子的躯干举高，在某种程度上这算是抱举。对于体重低于50磅（约22.68千克）的孩子，千万不要倒提他们的脚踝，因为这会拉伤他们的膝关节或踝关节。在托举中，孩子的双臂应弯曲并锁定，就好像端着一个托盘，而你要从孩子锁定的肘部下面进行托举。另一个安全的选择是叉举，在这个动作中，你可以用双臂从孩子的背部或腹部下方像用勺子一样往上舀。我们建议不要拽住孩子的手或手臂将其提起，因为你可能会让孩子的肘关节脱臼。在做大幅度的举高动作之前，你要始终弯曲膝盖，以避免你自己的背部拉伤。

**旋转**

旋转的关键在于要确立一个牢固的“锚点”。锚点就是你和孩子身体接触的受力点。如果在你头部以下的位置进行身体旋转，那么腋窝、臀部或大腿就是最好的锚点。以孩子的腋窝为锚点，孩子的双腿就可以远离你并甩出去；以孩子的臀部为锚点，孩子的头就可以远离你，并用双腿缠住你的腰。随着旋转速度的增加，通常会将锚点从孩子的腋窝滑至手臂或手，或者从臀部或大腿变成脚踝或脚。也就是说，你的抓握点会自然而然地从孩子的臀部、骨盆移至孩子的大腿，最后是他们的脚踝。如果在你头部上方水平旋转你的孩子，那就要确保你有两个稳固的锚点，通常最好是胸部（腋窝）和大腿内侧。这样孩子可以上下翻转，或正面朝上，做各种旋转动作。

**悬空**

悬空是一种能给孩子带来短暂刺激和兴奋的技巧，重点在于，在重力起作用之前，孩子会体验到几秒钟的快感。那个时候孩子被你抛在空中，或仅靠腋窝或腿之类的极小的锚点倒挂着。你可以把悬空融入任何一个飞行动作之中，确保它带来的是开心而不是恐慌就好。

**放开和接住**

当你把孩子从飞行动作中放开时，他们应该是直立的，否则你需要将他们水平放在床上或其他柔软的物体上。高阶的放开动作，还包括在空中旋转孩子。当你接住孩子时，要将注意力集中在他们的腋窝和躯干上，而千万不要试图抓住他们的四肢（手、腿或脚）。高阶的接住动作，除了全力以赴接住孩子外，还要用你的双臂或双手夹住他们的躯干，帮助孩子减缓下降的速度。

**监护**

这并不是说希望你能成为体操教练。监护是指通过温和地帮助孩子安全落地，或指引他们正确完成一个动作，确保孩子免受伤害。监护人员并不需要直接承受孩子的全部重量，目标在于确保孩子身体直立，保护好孩子的头部和颈部，并吸收孩子下落时的部分冲击力。关键在于关注孩子的三个部位：腹部、背部和臀部。要想做好监护，需要从这三个部位中选择一个，将一只手轻轻放在这个部位的上面、后面或下面，另一只手在空中保持直立（就好像你在宣誓一样），随时准备为孩子提供帮助。大多数情况下，这么做只是为了让孩子更安心、更大胆，但你还是要始终保持伸手、屈膝的动作，以便在孩子突然滑落或摔倒时做好保护。

# 3 飞行类游戏：巴尔博亚悠高高

- **适宜年龄：** 1~3岁
- **难易程度：** 容易
- **教具：** 无
- **基本技能：** 悬空；放开和接住

史泰龙在电影《洛奇》(*Rocky*) 中扮演拳击手洛奇·巴尔博亚，他有个著名的握拳动作，就像图中的爸爸一样。这个游戏将“悬空”这一技巧发挥到了极致。

**游戏步骤**

① 抓住孩子的腋窝，将其举过头顶，然后放开你的左手，右手牢牢地夹在孩子的腋窝下。然后伸展发力，把孩子举得更高一些，跟天一样高（同时可以说“悠高高，小宝贝”）。举到最高点的时候，要确保孩子的重心和你的重心基本在一条直线上，否则，你可能会因为抓不牢孩子的腋下而有风险。

② 慢慢地放低你的手臂，让孩子落下来，同时迅速将左手放到孩子的另一侧腋窝下。然后放开你的右手，再次将孩子举高。

你可以边跑边将孩子悬空，将孩子举到最高处时，可以来一段短暂的自由飞行。

**注意事项**



如果你平时多多锻炼的话，你完全可以在孩子处于悬空状态时跑起来，或者把孩子举到最高处时突然松手，让孩子自由飞行一小会儿（就像推铅球一样）。在孩子回落到地面时，要及时用双手抓住。

## 4 飞行类游戏：淘气的小飞象

- **适宜年龄：** 2~5岁
- **难易程度：** 容易
- **教具：** 无
- **基本技能：** 旋转

在这个游戏中，你们两个人要相互配合来模仿一头不受控制、横冲直撞的象宝宝。

**游戏步骤**

① 举起孩子，让孩子面向你，将其抱在你的怀里，让孩子用腿勾住你的腰，然后向后倾斜孩子的脑袋和肩膀。

② 当孩子和你垂直时，把孩子的腿塞在你的手臂下，用双手和手臂支撑孩子的脑袋和脊柱。现在，孩子应该是头朝下垂挂着，就像你是一头小象的身体，而孩子是小象的鼻子。

将孩子头朝下垂吊着，就好像你是一只象宝宝，而孩子是象宝宝的鼻子。

### 注意事项

你可以通过旋转、摇摆、喷鼻、吼叫、绕着房子转圈等方式来让游戏变得更好玩，就像小象在淘气一样。只要稍加练习，孩子就能面朝下垂挂着，两只手臂尽可能伸出去，这样淘气的小飞象的鼻子就更长了。

## 5 飞行类游戏：飞天狐狸

- **适宜年龄：**2~7岁
- **难易程度：**中等
- **教具：**无
- **基本技能：**托举

这个游戏是模仿滑索的体验，滑索在澳大利亚和新西兰被称为“飞天狐狸”。对于外行人来说，就是将一条缆线的两端固定，其中一端远远高于另一端，这样就形成了一个斜面。在缆线上套一个带把手的滑轮，参与者可以悬挂在把手上，从高的一端滑行到另一端。

这个游戏会让孩子感觉自己正在树林中飞行。

**游戏步骤**

① 你和孩子并肩站立，孩子站在你惯用的身体一侧（这边你的力量更大）。你举起这一侧的手臂，掌心向上，放在略高于孩子头顶的位置。让孩子用两只手抓住你的手，就像孩子正在抓紧滑索上的把手一样。孩子需要稍微弯曲身体，锁定好肘部。

② 你们俩都开始奔跑。当你提速的时候，可以用你另一只手将孩子举到空中，孩子会感觉自己在树林中飞行。

③ 跑出大约10步之后，边跑边将孩子放到地上。然后再次用手臂吊起孩子，重复之前的动作。这个游戏可以帮助孩子飞跃岩石、沙发垫或小水坑等物体；障碍物较高的话，需要孩子把腿蜷缩起来才行。

**注意事项**

为了避免你和孩子受伤，将孩子抬离地面时不要低于0.9米，也不要超过1.2米。

## 6 飞行类游戏：沉睡的蝙蝠

- **适宜年龄：** 2~8岁
- **难易程度：** 中等
- **教具：** 无
- **基本技能：** 悬空

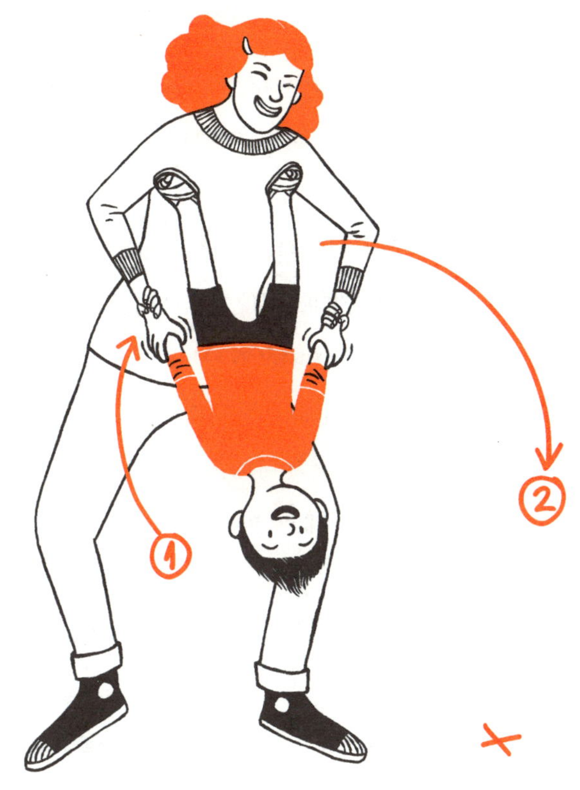


保持这个姿势大约1分钟后，让孩子向你身体的反方向翻转落地。

## 游戏步骤



① 和孩子面对面站着。抓住孩子的手或前臂，指导孩子从你的腿脚开始慢慢爬上你的身体，直到达到水平的位置。

② 继续抓紧孩子的同时，让孩子蜷曲身体向外翻，头部向下，直到处于你的脚踝位置，此时孩子的腿位于你的胸前（如果是大一些的孩子，也许能够用腿环绕住你的脖子）。为了增加效果，你可以左右摇晃手臂。保持这种姿势至少1分钟，然后让孩子向你身体的反方向翻转，同时你要继续抓住孩子的手或手臂，直到他们安全落地。

## 注意事项

尽管你让孩子悬空的时间可以多于1分钟，而且有些人（和蝙蝠）能够头朝下悬空长达数小时，但这么做会引起孩子血压的不健康变化。另外，如果你不擅长这个游戏，时间长了，你的手臂力量很快就会衰竭。所以，1分钟可能是大多数人的极限。

# 7 飞行类游戏：希腊投石机

- **适宜年龄：**5~8岁
- **难易程度：**中等
- **教具：**垫子或枕头
- **基本技能：**监护

据说是希腊人发明了投石机，所以我们将这个游戏命名为“希腊投石机”，以此来纪念他们。

**游戏步骤**

① 你仰面躺下，膝盖弯曲至胸前，脚掌和地面呈45度角。

② 让孩子背对你身体挺直，躺在你的脚上，身体前倾，脚放在你的身体下方。

③ 你向前方呈30度至45度角方向用力蹬出双脚，就像发射子弹那样。请注意，你要向前而非向上蹬，否则会让孩子落到你的身上。要确保孩子能够双脚着地，最后落在垫子或一堆软枕头上。

**注意事项**

最好设置一名观察员，负责监护和保护孩子，引导孩子安全落地。

呈30度至45度角把脚向前推，避免孩子落在你身上。

## 8 飞行类游戏：热气球驾驶员

- **适宜年龄：**3~6岁
- **难易程度：**中等
- **教具：**无
- **基本技能：**监护

马克西·勒卢瓦·安德森，生于1934年9月10日，是一名热气球驾驶员。1978年，他和团队驾驶“双鹰2号”热气球，创造了人类首次乘热气球横跨大西洋的奇迹。为表彰这一壮举，1979年，他的团队被授予美国国会金质奖章。这个游戏就是为了向马克西致敬，纪念他的冒险精神和对体育事业做出的贡献。

**游戏步骤**

① 单膝蹲下，将你力量较弱的那侧膝盖着地。让孩子与你面对面站立，位置偏向你力量较弱的身体那侧。

② 把你力量较弱的那只手臂向前伸出，掌心向上，肘部弯曲（就像托着一个托盘），让孩子面朝下趴在你这只手臂上。用你力量较强的那只手支撑住孩子的背部。

③ 开始翻转孩子。翻转时，要让孩子落在你惯用

当孩子翻转完成后，让孩子落在你力量较强的那侧肩膀上。

的那个肩膀上（把手放在孩子屁股底下），最后孩子是背对你的。你只用力量较强的那只手也能很好地保护孩子的安全，但还是需要用到不常用的那只手臂，给孩子以额外的支撑。这个步骤，就是模拟把孩子装到“热气球吊篮”里的程序。

④ 你站起来开始慢跑，时不时蹲下再站起来，模拟热气球的飞行轨迹。

## 9 飞行类游戏：X-15超音速飞行

- **适宜年龄：** 3~8岁
- **难易程度：** 中等
- **教具：** 水枪（可有可无）
- **基本技能：** 托举；监护

这个游戏是用迄今为止速度最快的载人飞机（速度高达6.72马赫，约2.29千米/秒）命名的，它是将装载动作和起飞动作结合在了一起。前者是让孩子“登上飞机”，后面的动作则要求你以最快的速度奔跑。

**游戏步骤**

① 你站在孩子的右侧，将你的左臂伸到孩子的腰

待孩子登上飞机后，高喊：“发射！”然后开始跑来跑去。

部，右臂伸到孩子腿后。然后一气呵成，将孩子举起来，翻转到你的左肩上，以便孩子能够躺平，头向前，双臂平伸（就像翅膀一样）。把手放在孩子的腋窝下，以保护孩子的安全。

② 高喊：“发射！”然后开始跑来跑去，模拟出古怪的引擎噪声和音爆的声响。另一种玩法是用你的左臂抱住孩子，把右手放在孩子的胸口。

### 游戏拓展

选一个炎热的日子，可以多约几个家庭一起玩，随着两架或更多架X-15载人飞机在户外跑来跑去，可能会有一场“战斗”在等着你。还可以给每个“小小飞行员”都配备一把水枪，那就更有意思了。

## 10 飞行类游戏：杂技瑜伽

- **适宜年龄：** 5岁及以上
- **难易程度：** 难
- **教具：** 垫子
- **基本技能：** 监护

杂技瑜伽是一种融入了杂技动作的双人瑜伽，需要

另一种玩法：让孩子向下倾斜，与你的脚呈大约30度角，你们几乎可以面对面。

两个人配合完成，自然也可以增进底座（你）和飞行员（孩子）之间的信任和沟通。即便你和孩子都是瑜伽大师，我们也强烈建议你们找个第三方作为观察员以监护孩子的安全（这是家人一起玩耍的绝好机会）。

**游戏步骤**

① 你仰卧在垫子上，两腿同时抬起，尽可能与地面形成90度角，同时稍稍屈膝。

② 在观察员的帮助下，用你的手和脚掌支撑，让孩子腹部朝下平躺在上面，孩子的头部与你的头部方向一致。将你的双脚稍稍分开，与孩子的腰臀同宽。

③ 你慢慢将腿伸直，让孩子将手臂和腿伸展开来，就像在飞一样。观察员要帮助你们保持平衡。你会注意到，这个动作和入门级打闹游戏“坐飞机”很像，只是与之相比，你不需要控制住孩子的整个身体，而且你的腿更加舒展。

**游戏拓展**

还有另一种玩法，在观察员的帮助下，让孩子向下倾斜，与你的脚呈大约30度角，你们几乎可以面对面。从你的头顶上方抓住孩子的前臂，这样孩子的手几乎能够触及地面。在观察员的监护下，让孩子通过在你的头顶翻跟头的方式落在垫子上。

## 11 飞行类游戏：人体炮弹

- **适宜年龄：** 5岁及以上
- **难易程度：** 难
- **教具：** 床垫
- **基本技能：** 放开和接住；监护

罗萨·玛蒂尔达·里克特，艺名“扎扎尔”，她在年仅14岁时，就作为表演“人体炮弹”特技的第一人而声名卓著。1877年，她首次在英国伦敦皇家水族馆表演这一技艺后，就开始和风靡全美的巴纳姆马戏团一起巡回演出。

这个游戏，可以让孩子像一枚炮弹一样被发射出去，然后安全地落在柔软的床垫上。

**游戏步骤**

① 在地板上放一张床垫，你仰卧在床垫旁边，后臂着地，前臂上举，伸展成“T”字，掌心朝上，屈膝，双脚平放在地板上。你的脚趾应当靠近床垫的边缘。

② 让孩子光脚站在你的手上，把两只手分别放在你的两个膝盖上，然后试着在你的手里轻轻地跳几下。

当你和你的“人体炮弹”都准备好时，将其弹射出去，让他越过你的膝盖，飞入空中，最后安全落在垫子上。

③ 等你们都准备好了之后，你开始数“3、2、1”，然后从你的膝盖上方（大约45度角的方向）把孩子发射出去，同时发出“嘭”的声音作为炮弹发射的声音。孩子跳落时，需要侧身落到床垫上。

**注意事项**

在开炮之前，要根据孩子的年龄和经验，帮助他们多训练几次落地技能。

## 12 飞行类游戏：疯狂旋转的苦行僧

- **适宜年龄：** 3~7岁
- **难易程度：** 难
- **教具：** 无
- **基本技能：** 旋转

这个游戏的灵感来自苏菲旋转。苏菲旋转是一种好玩的冥想方式，具体来说，就是不停地旋转身体，可能要持续几个小时。不过你不必担心，在这里我们只需要持续一两分钟。你需要一个平滑的表面（例如硬木地板），孩子在滑行时必须穿袜子。你可以光脚，也可以穿鞋，以便增加摩擦力。

你的旋转速度足够快时，孩子的脚会升到空中。

**游戏步骤**

① 你和孩子面对面站好，请孩子将手臂举过头顶，你抓住孩子的手，然后一条腿往后退一点儿，把孩子拉向45度角的位置。

② 你们开始转圈。刚开始孩子的脚只是绕着地板滑行，一旦你的速度加快，孩子的脚就会自然地升到空中。

**游戏拓展**

为了让游戏更加好玩，可以允许孩子脱掉袜子，头朝下倒挂在你的身体上；旋转时，孩子要用脚环绕住你的脖子，你要用手托住孩子的身体。强壮一些的孩子，可能只想把脚当作锚点，但你必须一直用手支撑住孩子的背部作为保护。

## 13 关于飞行类游戏的真实故事

我们听过很多成年人说：“我讨厌我爸爸把我抛向空中，但我从来都没告诉过他，因为他很难得陪我一起玩。”杰瑞就是这种情况。

杰瑞就是一个喜欢飞扑过去“偷袭”孩子的人。下班一回到家，他就会跑着冲到女儿金姆身边，一把将她抱起来，搂在怀里来回荡悠，然后把她抛向空中，还拉着她满屋子疯了一样跳舞。

唯一的问题是，每次他这么做的时候，金姆都会大声尖叫。杰瑞的妻子帕姆对他大发牢骚，但他可没打算放弃和女儿一起玩耍的机会。帕姆和杰瑞因此产生了矛盾，且变得难以收场，于是这对夫妻向劳伦斯寻求帮助。

解决办法其实很简单。

首先，杰瑞需要调整他的工作时间表，早点儿回家，这样就能在女儿睡觉之前陪她玩一会儿，等女儿睡着之后再继续他的工作。这样一来，他们就能一起玩上整整一个小时甚至更久，这个时长通常足以让金姆完成热身，并在洗澡和睡觉前慢慢放松下来。还有一个好处是，杰瑞和金姆还能在游戏结束后，一起享受一段安静的时光。

更重要的是，杰瑞学会了在开始飞行类游戏之前，先与女儿保持同频。他回家后会坐在金姆身边，不管她在做什么都会在一边欣赏地看着。和她一起坐上几分钟，建立起信任与亲密感之后，杰瑞才会问她："想不想飞？"金姆还不太会说话，但她每次总是会急切地点点头，然后张开胳膊，示意杰瑞把她抱起来。

她很喜欢杰瑞专门为她设计的一个游戏，那是“淘气的小飞象”的游戏变体。杰瑞抱着她，让她仰卧在杰瑞伸出的前臂上，这个姿势可以让金姆看到爸爸的眼睛。然后他双手托住金姆的头，让金姆躺在自己的臂弯里来回荡悠。

随着金姆渐渐长大，这种飞行游戏给他们带来了相互信任的亲子关系和大胆自信的生活态度。

杰瑞、金姆和帕姆一家的故事表明，飞行类游戏的动作可以有许多变化。不要犹豫，即兴发挥吧。就像伟大的爵士乐小号手迈尔斯·戴维斯谈及即兴表演时说的那样：“不要害怕犯错，就没有错可言。”你可以即兴创作任何游戏动作，比如增加喷气式战斗机、热气球、各种鸟儿、火箭或乘客尖叫的音效。

悬空，是飞行动作基本的技巧之一，尤其适合即兴创作。谈及悬空，每个孩子的接受程度都是不一样的，成功运用这个技巧很大一部分在于知道如何读懂孩子发出的信号。他们喜欢零悬空（在整个飞行动作中孩子都得到完全的支撑）、短悬空（几毫秒的脱手），还是长悬空（长达两秒钟的自由落体或倒挂）？

记住，**孩子的每一声尖叫并非都表示开心，有时也是出于害怕。**即使你的大脑讨厌某种刺激，身体也会对它有所反应，就像令人讨厌的呵痒也会令你大笑一样。

所以，从零悬空开始，每次延长一点儿悬空的时间，观察孩子的反应。

当孩子表现得粗鲁无礼或做事不配合的时候，我们要做的第一件事就是吸引他们的注意。这可能很难，因为通常的方式，比如冲孩子大喊大叫根本无济于事，可能还会导致新的问题。飞行类游戏则特别管用，出其不意地把孩子举向空中是一种极好的方式，不用打、不用吼、不用威胁，就能抓住孩子的注意力，化解尴尬和危机。这个技巧与突然袭击不一样，后者是在孩子安安静静时却偏要打扰。我们的目标是抓住孩子的兴趣，而不是让他们受到精神创伤。

美国教育专家帕蒂·惠芙乐，是“手拉手育儿法”的创始人，她将这种技巧称为“紧紧的拥抱”，说这个方法极为管用，可以替代吼叫、惩罚或视而不见的方法。比如，一个孩子把玩具弄得一团糟，但又拒不整理，此时你可以给他两次机会。如果他坚持自己的想法还说：“不，我就不！”这个时候就没有必要威胁他，也不必让孩子承担后果。你可以一把将孩子揽入怀里，紧紧抱住他，笑容灿烂地说：“哦，不！你会的！”然后带着他在房间里飞来飞去，假装他的手是一块磁铁或吸尘器，用他的手捡起玩具，并装进玩具收纳篮里。

你灿烂的笑容和你们紧密依偎的感觉是关键之处。这些动作不是用来吓唬孩子让他们屈服的，而是要帮助他们“啪嗒”一下从“卡壳”的地方脱离出来，从而变得配合。这些动作不会破坏亲子关系，反而会让亲子关系更好。

有一天，泰勒和儿子戴维在玩“疯狂旋转的苦行僧”游戏时，他们迅速在空中旋转，他们紧紧抓住对方的前臂。过程中戴维的脚轻轻地磕到了桌腿上，虽然泰勒非常确信戴维并没有受伤，但戴维却要求进行包扎。泰勒拒绝了，坚持说那里没有伤口，甚至连擦伤都没有。戴维生气了，那一刻泰勒觉得游戏难以继续下去了，因为他不想让步。

泰勒把儿子放在地板上让他哭了一会儿，他去询问妻子应该怎么办。她翻了个白眼，说道：“那就给他包扎一下呗！这有什么大不了的？”泰勒正打算坚持说只有流血了才需要包扎，但他突然意识到，那听起来多么愚蠢可笑。他还意识到，自己刚才侥幸逃过了妻子那句说教：“我告诉过你，不要在屋子里玩得那么疯！”于是，他赶紧回到儿子身边说：“我来为你挑选一个创可贴吧!”

戴维抽噎着同意了，然后他们一起走向药品柜。泰勒决定让包扎变成游戏的一部分乐趣，于是他们俩从卫生间出来时都贴着创可贴。他们冲进房间，对着正在看书的妈妈大声喊道：“我们是邦迪①大盗！”然后一把夺走她的书跑掉了。

泰勒拦腰抱住儿子，而“邦迪男孩”则高举着他抢来的书，妈妈则想方设法把自己的书抢回来。那天，他们一家度过了一段非常快乐的时光。

从那以后，泰勒放弃了他固有的规矩——“只有真的受伤才需要包扎”，因为他发现创可贴具有象征性的治愈力量，更不用说创可贴作为超级英雄的时尚配饰有多管用！

①译者注：邦迪，美国强生公司商标，是20世纪初由埃尔·迪克森发明的适合家庭使用的绷带，强生公司将它命名为Band-Aid（邦迪），之后强生公司将它作为旗下创可贴的商标。

# Chapter 4
# Games

# 第四章
# 比赛类游戏

**人生不是一场观赏性体育运动。**
**如果你终其一生都在看台上，**
**只是看看发生了什么，**
**在我看来，你就是在虚度人生。**

**杰基·罗宾森（Jackie Robinson）**
**美国职业棒球大联盟史上第一位黑人球员**

# 1 比赛类游戏：从0岁玩到100岁

最适合打闹游戏的教具之一就是床垫。放在床上，它就成了一个典型的蹦床；放在地上，它就成了一张极致的地垫。在床上蹦来跳去可能会有危险，但是融入一点小技巧，就能避免发生意外了。

安东尼的一个朋友分享了下面这个故事：

几天前，我跟儿子德斯蒙德在床上跳，我们玩得很高兴。接下来我们一不小心撞到了对方。他摔了下来，磕到了脑袋和腿，并开始尖叫起来。虽然德斯蒙德很快就冷静下来，也没事儿了，但从那一刻起，打闹游戏在我们家就基本宣告结束了，尤其是涉及床和蹦蹦跳跳的打闹游戏。就像孩子们的数数歌《五只小猴子在床上跳》里唱的那样："别再让小猴子在床上蹦蹦跳！"

安东尼完全可以理解朋友想要终止打闹游戏的想法，他也知道，在床上蹦来跳去也可以是安全而有趣的。不过，很多人同时在一张床上跳来跳去的确很危险，五只小猴子在床上蹦蹦跳跳只是在自找麻烦。

本书的理念是，**安全来源于知识而非制止，**所以安东尼设计了“弹射座椅”游戏，这是一个可以一个人玩的床上蹦跳游戏。学会这个游戏之后，安东尼的朋友和他的儿子又开始玩打闹游戏了，再也没发生过流血事故。

比赛类游戏是一种通常能一直玩到成年的游戏，它的好处同样也会延续到成年，甚至关系到孩子成年后是否能够成功。这种游戏类型通过玩乐的方式引入竞争，主要任务就是帮助孩子学会如何面对和接纳竞争，而不是逃避或沉迷。其重点是享受乐趣、建立信心和提升技巧，而不是输赢。

任何技巧都是建立在重复基础之上的，所以这一章设计的所有游戏都是可以重复玩的，只要还能为你带来咯咯的笑声，就可以一遍遍玩下去。这些游戏还能帮助孩子在团队合作和自我实现之间找到一种平衡，其结果就是培养出一种能够“输得优雅、赢得漂亮”的能力。

劳伦斯的女儿艾玛上四年级时，每天到了练习小提琴的时间，父女俩都很害怕。劳伦斯知道她不想练习，注定成为不了音乐爱好者，但又觉得放弃很可惜，应该投入必要的时间进行练习。在眼泪和争论中度过几周之后，他们偶然发现了一个方案。

每当艾玛练琴觉得沮丧的时候（每次都是如此），她就会和劳伦斯一起玩一个叫“撞车”的游戏。艾玛会拿起一个纸揉成的球，向墙上扔去。劳伦斯则假装痛苦地尖叫，就好像是他的脑袋而不是球被扔到了墙上一样。艾玛哈哈大笑，再次把球扔出去。

“撞车”游戏带来的笑声和体力消耗会降低艾玛的挫折感，这个时候他们会进行“拇指角力”。胜利者的奖励是可以选择练习时间少5分钟还是多5分钟。不管获胜的是谁，艾玛在接下来的小提琴练习中都不再有排斥和恐惧，而且劳伦斯和艾玛的关系也更亲密（而不是憎恨和沮丧）。

相比于其他类型的打闹游戏，比赛类游戏更需要三种人类智能的协调：**身体智能、社交智能和认知智能。**

身体智能是指优秀的运动技巧。将运动技巧作为一种智能可能有些奇怪，但想想那些优秀的运动员吧，他们能够敏锐地感知身体在空间中的位置，同时能够协调身体各部分完成不同的动作，多么厉害！本章中提到的比赛类打闹游戏就有助于提升各项身体智能，包括手眼协调能力、快速反应能力和平衡能力。

社交智能是生活技巧或常识的高级说法，比赛类游戏正是发展社交智能的好办法。通过此类游戏，我们可以学习如何读懂他人，这样就能够知道谁值得信任，谁应该警惕。我们学习如何交流，以及什么时候应该有所保留。我们学习怎样预测和思考未来，以及如何在最糟糕的情况下获得最好的结果。

在社交方面，比赛类游戏能够带来的最重要的益处，就是帮助孩子认识到，他们不需要每次都赢，或总是做到最好。交朋友，保持友谊，或仅仅是让游戏继续下去，他们都必须遵守规则，即便这些规则并非按他们的意愿制定。有时孩子应该知道，要让别人自己决定要玩哪个游戏。不能成为一个输不起的人，否则他们很快就会失去那些原本想和他们玩的人。

这就把我们带回了一个父母经常问的问题：“必须让孩子赢吗？”我们认为，答案通常是肯定的，因为在家里赢，可以构建孩子的信心，在与同龄孩子玩耍时是需要这种信心的。内德的儿子马克，不管在家里还是在其他地方，每次比赛都要赢。内德很担心，如果别人不让着他，他是否还可以和别人好好玩。有一天，内德把儿子带到了健身房，9岁的马克想看一群十几岁的大男孩打篮球，所以内德健身的时候就把他留在那里了。等内德回来的时候，他惊讶地发现马克已经加入了他们，不过那群大男孩可不会让着一个小孩子。他们阻挡了马克的投球，从他那里抢球，运球投篮的途中用身体挡住他……马克汗流浃背，气喘吁吁，脸上的表情很严肃。内德坐在露天看台上看着。马克发现后，迅速给了他一个微笑，然后立刻把注意力投入比赛中。最后，马克所在的球队输了。内德本以为他会失声痛哭，然后怒气冲冲地指责自己，但是这一切并没有发生。马克在和大孩子们击掌之后，径直走向内德，对他说："真有趣。"所有在家里建立起来的信心在这里都得到了回报。

我们说过，我们通常会让孩子赢——但是也有例外。如果孩子问你，你能不能让他们赢，或者你是否尽了最大的努力，你可以回答说："你想让我那么做吗？"他们在多次比赛中赢了你之后，可能想要进行一次真实的测试，从而获取信心，即便那意味着失败。你可以在他们取得真正的胜利之前一点点增加你的推动力，或者在一次次玩简单的游戏（如垫步）时偶尔赢几次，通过这种方式帮助事情朝这个方向发展。

安东尼的女儿艾娃过去常常自己制定记忆游戏的规则，其结果就是所有事都可笑地以她的方式进行。这样进行了几次之后，安东尼开始问她："你是想按照官方规则玩这个游戏，还是按照'艾娃规则'来玩？"

有时她会选择官方规则，因为她想看看公平的游戏是什么样子的。而有时她会选择“艾娃规则”，因为她想充满信心，并且想确定，和爸爸在一起的生活不是一种竞争。

孩子在游戏中作弊时，不要惩罚他们；他们只是想试试在游戏中保持均衡，因为他们知道自己年龄比你小，经验不如你丰富。给他们一个微笑，让他们知道，你看见他们做了什么，但可以让他们继续下去，直到他们不再需要这么做为止。

有些父母，尤其是父亲，坚持在家里对孩子进行严厉的鞭策，让他们准备好应对外面残酷的世界。我们不同意这种做法，重点要放在快乐和亲密上，即使是在比赛类游戏中。毕竟，很多人都抱怨他们的父亲对自己很严厉，但是我们从来没听到某个人抱怨，自己在和父亲玩超级有趣的游戏时，收获了太多的快乐和亲密。

除了身体和社交能力的发展，打闹游戏还有助于认知或思考能力的发展。因为孩子会以简单的游戏为垫脚石，慢慢掌握复杂的游戏，技巧变得越来越难，规则也变得越来越复杂，这些都需要很多的脑力。难怪安东尼 · 佩莱格里尼会发现，擅长游戏的孩子通常也擅长交朋友，而受欢迎的孩子通常也擅长玩游戏。

## 2 比赛类游戏的五个基本技能

**身体接触：**身体接触是打闹游戏与棋类游戏最主要的差别。这里提到的所有游戏都含有身体接触的元素。你基本可以在任何游戏中加入身体性。就拿最经典的游戏“石头剪子布来”说：石头打败剪子时，你可以用自己的石头去打别人的剪子。如果布打败了石头，你可以用你的布紧紧地挤压石头。只要确保重击和挤压的强度是孩子所喜欢的就行。

**冒险：**创造出适当的冒险氛围或存在危险的感觉，让孩子在整个游戏中保持较高的刺激水平。游戏中的风险可以是想象的，也可以是真实存在的（它能够激发肾上腺素）。比如想象出来的熔岩、鲨鱼和流沙；真实存在的小山、树林和平衡木。

**把控输赢：**孩子需要一个机会，和你一起建立信心并驾驭能力，这样他们就能充满自信地面对充满竞争的外部世界。要注意，别让自己的竞争意识失控，要让孩子多赢，直到他们向你暗示，希望你提高比赛水平。

**制订规则：**游戏需要讲规则，要让孩子明白，讲规则很重要，但是放宽规则也是可以的。你可以采用现有的规则，甚至可以在玩的时候制订新的规则。孩子通常喜欢争论规则，所以请记住，这也是一种乐趣。就像你因为你比他们大，比他们强壮，而不必赢得每场比赛类游戏一样，你也不需要赢得每一场关于规则的争论。

**技术诀窍：**所有游戏都需要练习一些技术诀窍。有些孩子很容易接受这一点，即需要努力完善自己的技能，而有些孩子，如果第一次做得不完美，就会想放弃。让他们看看，你也像他们一样需要练习才能掌握诀窍。当游戏充满乐趣和欢笑时，孩子会受到更多的鼓舞，去坚持练习，并发展他们的技能。

## 3 比赛类游戏：垫步

- **适宜年龄：**5岁及以上
- **难易程度：**容易
- **教具：**无
- **基本技能：**身体接触；把控输赢

垫步，是击剑运动中的一个常见动作，运动员通过跺脚发出声音，来分散对手的注意力。

当两个人的右脚贴在一起时，可以随意发出“咿呀”的声音。

**游戏步骤**

① 家长和孩子面对面站好，握住孩子的右手，或抓住孩子的左前臂。双方的右脚贴在一起，一个人的大脚趾挨着另一个人的脚后跟。

② 双方保持右脚固定不动，其他身体部位都可以移动。第一个让对方的右脚移动位置的人获胜。游戏中，可以随心所欲地发出“咿呀”的声音。如果游戏的一方惯用左手，而另一方惯用右手，则每个回合换一次前脚。

**游戏拓展**

这个游戏与凝视比赛相结合，会变得非常有趣：两人在整个决斗过程中要保持眼神接触，如果你是最后一个发笑或哈哈大笑的人，同时还能保持双脚静立不动，就可以赢得额外的分数。

## 4 比赛类游戏：枕头大战

- **适宜年龄：** 4岁及以上
- **难易程度：** 容易
- **教具：** 两个枕头
- **基本技能：** 把控输赢

低龄的孩子，很喜欢你被打到后夸张地摔倒。

最适合用来击打的枕头是那种睡觉用的又大、又松软的枕头，而不是那种又小又硬的沙发抱枕。在和你的对手对打的时候，如果枕头带有拉链，要始终握住枕头带有拉链的一部分，用另一端击打，以免发生诸如眼球破裂之类的伤害。最适合用来投掷的枕头则是不带拉链的沙发抱枕（你想过人们为什么把它们叫作抱枕吗？）。

**游戏步骤**

家长和孩子各拿一个枕头，互相击打或投掷，玩到孩子尽兴为止。

**游戏拓展**

大点儿的孩子可能会喜欢设定一些目标，比如，打中脑袋10次或打中腿部5下，就算赢。低龄的孩子会喜欢你被打到后夸张地摔倒。无论如何，你的用力始终都要与孩子的力量相匹配。

## 5 比赛类游戏：战车比赛

- **适宜年龄：** 4岁及以上
- **难易程度：** 中等
- **场景：** 户外草地或宽敞的室内
- **教具：** 无
- **基本技能：** 身体接触；把控输赢

试试一圈换一种姿势，可以像熊一样爬行，也可以像螃蟹一样横着走路。

这个游戏来源于古罗马最流行的观赏性体育运动，当时骑士会有目的地将对手撞下战车，从而赢得优势，特别是在转弯的时候。在这个游戏中，参与者也要尝试将对方撞倒。所以，最好在户外大片的草地上进行。在屋里玩也可以，只要有足够大的比赛空间，能避免撞到墙上就行。赛道应该设置得短一些，这样可以多跑几圈；而且赛道应该窄一些，以便让双方的身体接触最大化，因为身体接触才是这个游戏最大的乐趣来源。有两种主要的比赛姿势：一种是用手和膝盖像熊一样爬，另一种是用手和脚像螃蟹一样走。

**游戏步骤**

① 设置好一条赛道，家长和孩子站在起点，任选一种姿势到达终点，想办法撞倒对手。

② 家长和孩子回到起点，每个人换一种姿势到达终点，想办法撞倒对手。

**注意事项**

像熊一样爬行时，只能用肩膀撞倒对手。采用螃蟹走路的姿势时，则只能用臀部。如果在户外进行，有多名大人和孩子参与游戏，大人采用像熊一样爬行的姿势时，孩子要骑在大人的背上。记住，家长应该一直是被撞倒次数最多的人！如果这个游戏成为孩子最喜欢的游戏，可以考虑戴上护膝，以免疼痛和受伤。

## 6 比赛类游戏：绝岭雄风

- **适宜年龄：** 3岁及以上
- **难易程度：** 中等
- **教具：** 无
- **基本技能：** 技术诀窍；悬空

**游戏步骤**

① 家长臀部和膝盖弯曲，下蹲，好像自己正坐在一把椅子上。

② 让孩子站在家长的大腿上，抓住家长的手。然后放开一只手，融入悬空的动作。现在孩子可以往后靠，就像悬挂在悬崖上一样。

③ 家长和孩子都准备好之后，发出信号，在半空中换手。

**注意事项**

这个游戏的重点在于合作，而不是竞争。在孩子第一次尝试这个动作时，有个成年人在一旁监护是很有必要的。

放开一只手，融入悬空的动作。

# 7 比赛类游戏：弹射座椅

- **适宜年龄：** 5岁及以上
- **难易程度：** 中等
- **教具：** 一张弹性较好的床
- **基本技能：** 冒险；技术诀窍

弹射座椅是飞行员用的座椅，在飞机遇难时，可以依靠座椅下的动力装置将飞行员弹射出机舱。1916年，发明家爱德华·卡尔斯罗普获得了飞机弹射座椅的专利。他的装置用的是压缩空气，而如今的弹射座椅利用的是爆炸物的力量。在游戏中，你和孩子将依次从“战斗机”中弹射出来。游戏之前，你需要有一张有弹性的床，这张床所在的房间要宽敞，地板上没有障碍物，还需要比较高的天花板（2.5~3米）。

**游戏步骤**

① 家长从床上弹跳起来，形成一个高度和动量，孩子需要发出战斗机的轰隆声，把家长击落，引发使用弹射座椅的需要。

② 孩子从床上弹跳起来，形成一个高度和动量。此时家长需要发出战斗机的轰隆声，把孩子击落。

弹跳最快的人，即为获胜者。

③ 依照这个顺序多玩几次，弹跳得最远的那个人获胜。

### 注意事项

你们得弹跳得尽可能高，而且要一路向着床的边缘弹射；落下时臀部下沉，再次弹跳，把自己往前推，推离你们的床。

这个技巧有助于弹跳更远的距离：当你臀部下沉时，把双手放在床上，然后当你落地时双手用力推动你离开床。你可以喊一些话助兴，比如："诅咒你！红男爵[①]！"

## 8 比赛类游戏：水球大战

- **适宜年龄：** 5岁及以上
- **难易程度：** 中等
- **教具：** 水球
- **基本技能：** 把控输赢

①译者注：红男爵，指的是第一次世界大战期间的德国飞行员曼弗雷德·冯·里希特霍芬（1892—1918）。他是战斗机联队指挥官、王牌飞行员，共击落80架敌机。他将自己的战机一部分涂成血红色，也因此被德国人称为"红色飞行员"，英国人给他的绰号是"红男爵"。

为了让水球大战变得更有趣，一定
要准备充足的水弹。

### 游戏步骤

① 邀请一些孩子参与游戏，比如10~15个。如果孩子比较小，那就和这些孩子的父母们一起商议怎么玩这个游戏。如果这些孩子较大，那就让孩子自己招徕朋友。

② 准备大量的水球。这就是大多数水球大战会出岔子的所在——游戏参与者正玩得起劲，精力还没有降下来，“弹药”就用完了。我们建议准备300个可以随时发射的水球，通常能让15个人组成的一个中队持续玩一个小时。

③ 互相投掷水球。为了增加乐趣，可以用一个塑料漏斗和弹力绳（或任何可以用的塑料材料），建造一个自制的发射器。此外，每个队都要有一个“基地”，包括一个水桶（或类似的东西），敌方队伍要设法用水球击溃它。

### 注意事项

告诉孩子不要攻击头部。冬天时，可以采用这个游戏的变体：雪球大战。

## 9 比赛类游戏：长枪比武

- **适宜年龄：** 4岁及以上
- **难易程度：** 中等

● **教具：**一块2米长、10厘米宽、5厘米厚的木板，两根游泳浮力棒（也叫浮条）

● **基本技能：**制订规则

据说，第一次马上长枪比武大会发生在1066年，参加马上长枪比武的骑士们首要目标就是把他们的对手掀下马来。这个游戏也是同样的规则（只是没有马）。你需要一块2米长、10厘米宽、5厘米厚的窄木板，以及两根游泳浮力棒，充当你们的长矛。游戏开始前，可以花点心思让彼此尽快进入决斗状态，比如你和你的侍从可以穿上“盔甲”——戴上手套、帽子，或穿上外套等。

**游戏步骤**

① 把木板平放在地上，家长和孩子面对面站在两端。

② 互相用游泳浮力棒戳击对方，直到一个人从木板上掉下去。尽量避免打击头部。

**游戏变体**

有一个酷炫的游戏变体，我们称之为塔克修士[①]，只用一根游泳浮力棒就可以，你和孩子两个人各握住

①译者注：塔克修士：英国民间传说中“侠盗”罗宾汉的伙伴，大腹便便、剑术高超。

两个人进行马上长枪比武，直到其
中一个人从木板上掉下去。

一端。每个人都在地上放一个物品，放在木板相对的两侧。你们的目标是保持一只手握着游泳浮力棒，用另一只手尽力抓取自己想要的物品，但不要从木板上掉下去。但凡聪明一点儿的孩子都会发现，如果突然松手放开游泳浮力棒，对方就会倒在地上。让孩子自己悟出这个小伎俩，之后再发布一条“皇家法令”，宣布这种做法不合法。

## 10 比赛类游戏：牧牛人

- **适宜年龄：** 7~12岁
- **难易程度：** 难
- **教具：** 一条至少1厘米粗、2~3米长的绳子，一双运动袜或“筒袜”，以及一个柔软的球，比如垒球。
- **基本技能：** 技术诀窍

“牛仔”这个词在18世纪初期首次出现在英语中。它源自西班牙语单词vaquero，指的是骑在马上管理牛的人。在这个游戏中，你和孩子要轮流扮演牛和牧牛人，这个游戏的目标是牧牛人把套索套在牛的小腿上。

不要套在脖子上，只能套在腿上。

**游戏步骤**

① 把球塞入袜子中，做成套索，把袜子系在绳子上。

② 家长扮演“牧牛人”，把套索套在“牛”(孩子)的小腿上。一旦这种情况发生，被套住的应该配合，让自己被绳子栓住。我们建议，要避免套在脖子上，只能套在腿上。

③ 孩子扮演“牧牛人”，把套索套在“牛”(家长)的小腿上。

**游戏变体**

和多个孩子一起玩，会产生有趣的变化：引导“牛儿们”围着大人扮演的“牧牛人”形成一个圆圈。牧牛人紧挨着地面挥动套索，抡一个大圈，而那些“牛”要跳起来避开套索。如果一头“牛”没有跳开套索而被套住了，牧牛人就可以把他拉进去！

## 11 来自游戏场地的真实故事

一百多年前，瑞典伟大的心理学家让·皮亚杰专门对游戏中的儿童进行了研究，他可能是第一个将游戏视为严肃的研究课题的科学家。他发现，游戏教会了孩子们公平、道义，以及如何保护自己和自己的朋友。

不管你是否相信，他都认为，游戏对孩子来说最有价值的一个方面，就是对于规则的争论。他肯定不会喜欢如今大多数的儿童游戏，因为它们都是由成年人安排和组织的。

皮亚杰很重视孩子们对于规则无休止的争论，但大多数父母却很害怕这一点。如果你是像我们一样的普通父母，一定也说过这样的话："如果你们继续争论谁进谁出的问题，就没时间玩了！"

一天，劳伦斯的女儿艾玛和她的朋友加布正在玩捉人游戏。只是他们没真玩，他们只是决定要玩，却无休止地争论着应该玩哪种捉人游戏。劳伦斯不下十次地请求过他们别再争论下去了，开始玩吧，这时候加布的爸爸走进来了。他温和地说："嘿，劳伦斯，我想他们想玩的就是争论本身。"让儿童心理学家自己去忽略这个显而易见的事实吧。

和其他类型的打闹游戏相比，比赛类打闹游戏更容易让孩子体验到紧张感。有些孩子在游戏规则和规则执行方面可能会表现得很紧张（可能是因为成年人干预得太多）。解决这个问题最好的办法，就是制订一些很蠢的规则，并且允许孩子打破。别担心，这不会影响孩子们遵守那些必要的规则。实际上，这反而会帮助孩子们更好地遵守规则，因为通过游戏的方式打破规则的过程，能够释放孩子们因为规则而产生的紧张感。

为达到这一目的，我们推荐“枕头大战”这个游戏。开始的时候，你可以说：“好了孩子们，就一条规则，别用枕头打我的脑袋。我是认真的！”当然，你的声音和面部表情一定要传达出另一个信息：我并不是认真的，只是说着玩的，你们当然可以打我的头（就像第一章里提到的恒河猴的“游戏面孔”一样）。

这个游戏的重点在于，允许孩子以游戏的方式打破规则，把枕头扔到你的脑袋上。然后你假装生气，开始追他们。记住，要让整件事变得轻松有趣。你还可以增加一些喜剧效果，比如在快要抓到他们时被绊了一跤，然后宣布：“新规则！我倒地时不能用枕头打我！”当他们不理会这个新规则，用枕头猛打你时，孩子的自信和你们之间的亲密关系就建立起来了。这个游戏和它带来的欢笑，会缓解因规则带来的紧张感，其结果就是，孩子被灌输了良好的品德和道德，成了一个听话、懂事、遵守规则的好孩子，因为在一个人体面地对待另一个人时，每件事都会很顺利。

“战车比赛”是另一个可以缓解规则冲突的游戏。你和孩子围着自制的竞技场赛道爬行，并企图把对方撞翻时，你们俩都可以制订新的规则。有些是孩子渴望每次都赢，就会制订一些不太公平的规则。他们可能会宣布，你的两只鞋得系在一起，或者你被撞倒后必须保持不动10秒钟。你的任务就是要遵从他的规则，但要大声地（幽默地）表达你的反对意见。你可以大喊："这不公平！"但由于这不过是场打闹游戏，而且你在自我设障，所以就让这些规则说了算吧。

有些孩子对输赢特别在意，就像大人一样，他们总是摆脱不掉这种焦虑。博就是一个超级体育迷，但是他很少参加比赛，因为他输不起。因此我们为他设计了"输赢游戏"，这个游戏我们和很多孩子都玩过。

这个游戏其实很简单。在孩子问你到底在说什么的时候，你就说："我们来玩输赢游戏吧。"你可以解释说，你已经注意到他们受到了输赢问题的困扰，想要跟他们玩一些游戏，帮助他们摆脱这种困扰。我们把这个过程叫作"把问题带到游戏场地"。

在这儿你可以停顿一下，看看他们对于什么是输赢游戏有什么好的想法。如果没有，就由你来决定。玩的时候，我们只需要抛一个硬币，一个人说"正面"还是"反面"。赢了的那个人要跳一段狂野的胜利舞，输了的那个人就大发脾气（比如大声喊叫："你作弊！不公平！"）。整个游戏就是这样。每个人都会咯咯地笑，只要孩子觉得有趣，就可以一次又一次地玩下去。

这个游戏并不是倡导不好的体育精神，相反，孩子们在欢笑中缓解了输赢带来的冲突，使他们不仅能更好地处理现实生活中的失败，而且在胜利时表现得更优雅。

对于过分争强好胜的孩子，另一个建议是通过团队合作让他们保持自己的竞争优势。你可以让他们与自己的朋友或堂兄弟组成一队，一块儿将你摔倒在垫子上，这样他们就能够看到，和朋友在一起，比个人更有力量。你还可以颁发风格奖、优雅奖、努力奖和体育精神奖，从而淡化胜利时的兴奋和失败时的痛苦。

同时，有些孩子对于游戏所需要的基本技能会产生很大的紧张情绪。有个男孩在整整一年的时间里，每次游戏开始的时候都会说："对我宽容点儿，我就是个幼儿园小朋友！"只要给他机会逐步建立自信，他就会做得很好。其他孩子甚至达不到这一步，因为他们在第一次受到挫折或羞辱后就放弃了。其结果就是，他们永远也发展不起来每个孩子（以及大人）所需要的技能，例如扔、抓、踢、平衡和奔跑。

在这种情况下，父母可以提供很多帮助。

第一步是与孩子共情，可以这样说：“做不了大孩子能做的那些事儿，是挺难受的。而且，因为这个被嘲笑肯定也非常可怕。”同情比告诉孩子要“克服”或者骂他们没达到你的预期要有效得多。

第二步，你得假装接不住球，假装自己把自己绊倒，要用尽办法让你的孩子笑出来，不要让他们总是觉得自己是个笨手笨脚而且无能的人。如果他们毫不留情地嘲笑你，别朝他们大喊大叫。他们只不过是将自己被嘲笑（或害怕被嘲笑）时感受到的羞辱传递给你了。你的任务就是泰然处之，假装说：“哇，就因为我摔倒了，你就嘲笑我？哎呦，我又摔倒了！”如果你将其变为游戏，这些感觉就会消散，谁都不会受伤。

最后，可以在游戏时加入大量运动技巧的练习，你可以帮助那些不太情愿的孩子掌握游戏技能。不要单纯地对其进行枯燥的训练，除非你的孩子碰巧喜欢这样。在每次练习之后，要有大量的身体接触，比如完成一个动作后给他一个大大的拥抱或击个掌。在比赛类打闹游戏中，有很多融入基本技能练习的机会，如利用枕头大战来练习扔和抓，或通过悬空游戏来提升平衡能力。

孩子进入一个群体中玩耍时，通常都很担心自己会被排斥。在这个问题上，大人正好可以起到引导的重要作用，帮助孩子顺利成为群体中的一员。在大多数情况下，要让孩子们自己制订和讨论规则，但是不要让任何人被排除在外，尤其是那些个头小、身体不太协调、身体有残疾或者新来的孩子。你不需要插手，只需要露出一个大大的微笑，并且宣布“每个人都有机会”或者“我要帮助乔，因为他没怎么练习过这个游戏”，或者“娜塔莎在击球之前，需要尝试多少次，就可以尝试多少次”。

在比赛类游戏中，最后一个会引发紧张情绪的因素是害怕受伤，以及受伤后表现出来的软弱。劳伦斯为男孩尼尔斯发明了一种游戏，名字叫“指定的尖叫者”。他的设计初衷是帮助孩子在受伤时处理情绪问题，而不是让他们强忍着。

尼尔斯7岁的时候，打篮球时膝盖严重撞伤了。他马上站了起来，继续打球。尼尔斯明显感到很疼，但他坚决否认，并要坚持继续打球。劳伦斯没能说服他休息，于是开始上蹿下跳，大声喊道：“啊！我的腿快疼死了！”

尼尔斯问他怎么了，劳伦斯一边搞笑地大喊，一边解释说，就像在棒球比赛中有一个指定的击球手一样，他是一个“指定的尖叫者”，他会为了尼尔斯尖叫，这样尼尔斯就能够继续比赛了。作为红袜队的超级粉丝，尼尔斯马上就明白了这个笑话，当劳伦斯单腿跳着出洋相时，他笑得更凶了。然后尼尔斯说，他可以让腿休息一会儿，然后继续参加比赛。

这是一个重要的成就。看到劳伦斯那么夸张地表现自己的痛苦而没被取笑，尼尔斯克服了自己的恐惧，不再害怕自己看起来会傻里傻气（或“女里女气”，有些男孩认为这是世界上最糟糕的事情）。专业比赛、大学甚至中学的运动场上，都有受伤的可能，这不是缺乏男子气概、丢脸的事情。留意自己的伤势，不仅不是软弱，反而是睿智之举。

像其他打闹游戏一样，比赛类游戏也可以随时随地进行。在棒球比赛中孩子触杀出局时，或他们在篮球比赛中得分时，都可以给对方一个拥抱，或者玩闹式的摔跤动作，也可以在任何庭院运动中，加入身体接触的练习。

你甚至可以将一项安静的室内棋盘游戏，如滑道梯子棋（Chutes and Ladders，棋盘上有滑道和梯子的图案，棋子遇梯子往前走，遇滑道则往回走），变成喧闹而活跃的打闹游戏。把一个大沙发垫撑在沙发上，游戏参与者每次登陆滑道，就是跳到垫子顶端，然后滑下来。你还可以即兴创作一些冒险元素，例如，在“长枪比武”游戏中，把砖头垫在木板下，以此增加游戏的刺激性。

这一章我们将以布兰登的故事作为结束。布兰登每个月都会花一大笔钱购买门票，带三个孩子观看专业的体育赛事。但是每次外出都是灾难，男孩们都觉得无聊，于是相互打斗，让人生厌，只热衷于购买纪念品和小摊上的东西。布兰登对他们大吼大叫，威胁说以后不带他们出来看比赛了。可男孩们只是耸耸肩，不以为然，这让布兰登更加恼火。有一天，在购买下一批门票之前，布兰登的妻子平和地建议说，也许他可以问问孩子们，愿不愿意在特殊的“老爸时光”里干一些其他的事情。他对此持怀疑态度，但还是决定试试。

事实证明，在赋予了选择的权利之后，每个孩子都想和爸爸做一些不同的事情。老大想在公园里运动，而不是坐在长凳上观看比赛。最小的孩子对运动完全不感兴趣，但他确实想要打打闹闹；爸爸和孩子们都发现，他们尤其喜欢枕头大战和任何可以在床上跳来跳去的游戏。

出乎布兰登意料的是，他的二儿子其实很想跟他一起出去看比赛——他只是不想和那些烦人的兄弟在一起。于是，他们会偶尔一起出去看比赛，或者在混战中，一个摞一个地趴在爸爸身上。回头看看，他对自己拖着他们在看台上一起度过的“美好时光”感到好笑。

# Chapter 5
# Contact

# 第五章
# **身体接触类游戏**

只要你玩过摔跤，
生活中的其他所有事都会变得简单。

丹·盖博（Dan Gable）
1972年慕尼黑夏季奥运会摔跤项目冠军

# 1 身体接触类游戏：让孩子更有安全感

从粗暴的摔跤到疯狂的翻滚，身体接触是打闹游戏的核心——实际上也是人类经历的根源。我们都是社会人；需要与别人建立联系。如果足够幸运的话，我们会拥有亲密、温暖、相亲相爱的人脉关系，而不是孤零零地离群索居。不管在哪种文化中，健康的接触都是建立联系最基本的方法。到两三岁时，我们还会产生表达爱的语言。身体接触的力量是不可替代的，因为没有什么其他的事物可以那么清晰有效地表达出我们的确与他们同在。

事实证明，有两种身体接触对人们的生活产生了巨大的影响。一种是轻柔的接触，比如轻轻摇晃宝宝，哄其入睡。另一种是游戏性质的，比如抱着孩子从山坡上滚下来（见蒸汽压路机，第133页）。这两种类型都能够激活我们的触感神经元，同时能够触发生成快乐，满足和愉悦的脑回路，在健康接触和正向情感间建立终身联系。良好的身体接触能够释放催产素，用这种方式即可发出安全和联系的信号；催产素有时也被称为“拥抱化学物质”。这就是为什么我们倡导在打闹环节开始和结束时拥抱和击掌。

当我们真诚地触摸别人，或接受别人真诚的触摸时，大脑中释放的化学物质不仅能够让人更加兴高采烈、愉悦、幸福，而且还能够治愈疾病。恰当的触摸可以起到抚慰、镇静、激励和治疗的作用。研究人员已经开始探索，配偶之间满怀深情的触摸对心脑血管健康会产生怎样的影响，他们提出的假设是，抚触越多，动脉越清洁。就像复利一样，好的拥抱建立在彼此的基础上，并带来整体幸福感的提升。幸福感多了，感受到的压力就少了——这有助于心脑血管的健康和建立良好的人际关系。

在过去的20年间，孩子们都接受过如何区分善意和恶意的抚触的教育，以便能够识别和避免性侵。我们非常赞同在这方面做出的努力，但觉得它过分强调了对恶意抚触的躲避，而削弱了善意抚触的积极价值。其中一个案例来源于负责课后课程的老师约翰。他给劳伦斯讲了一个幼儿园中班的男孩的故事。这个孩子到了一个新的学校，非常渴望交朋友。他的策略就是亲吻每一个走近他的孩子。有些孩子喜欢这种表示，而大多数孩子不喜欢，老师就更不喜欢了。约翰意识到那个孩子需要换一种方式交朋友，所以他就教他怎么击掌。然后那个孩子立刻跑开，并进行了尝试，嘴里嚷着:“击掌！”与第一个进入他视野的孩子拍手。起作用了！

换句话说，当不可控的暴力或者感情成为问题时，并不能用摒弃所有身体接触的方式来解决，而应该增加身体接触，只要这些接触是积极的，彼此欣赏的。媒体不断强调，性侵是身体接触的主要形式，而健康的接触也是针对这一论调的良方。打闹游戏传达出了不一样的信息。有数不清的健康方式可以建立身体上的亲密联系。健康的抚触关乎友谊、友情、营养和乐趣，而非性或暴力。

艾德蒙·奈顿是美国加利福尼亚大学圣芭芭拉分校的一名教授，他正致力于将优质的摔跤带给孩子，带进学校。他提倡在孩子两三岁时就让他们开始摔跤，并延续至整个童年时期，因为这项活动有助于身体和情感发育。然而，即便他滔滔不绝地解释摔跤给孩子带来的益处——力量、风度、忍耐力、快乐——但不出所料，他还是遇到了来自成年人的担忧，担心高强度的身体接触会有危险。

为了克服这种阻力，奈顿用了最好的方法，这种方法我们真心赞同。那就是，他教会父母和老师怎样摔跤。他从相互配合的轻松的站立动作开始，通过一系列步骤引导他们（就像我们在第2章中提到的热身项目一样），直到这些成人真正站到摔跤场地上。他告诉我们说：“只有亲自做了，你才能够明白，这项活动无关暴力。”当孩子们通过这种方式学习如何摔跤，活动结束时就会获得一种妙不可言的疲惫感，以及一种奇妙的感觉，能感知它们在身体里的位置。这项活动外表看起来像竞争，但更多的是协调和力量的匹配，而不是获胜。摔跤可以建立彼此之间的人际关系，而不是对其造成伤害。

在现实生活和娱乐活动中，包围着我们的那些极端暴力，会很容易地引起人们对于摔跤这项活动的困惑。表面上看，高接触性的打闹游戏和侵犯似乎有许多共同点。但仔细看看参与者的脸，你就能立刻发现其中的区别。玩闹性的摔跤看起来像一场战斗，但表现出来的快乐绝对不是痛苦、恐惧或愤怒。暴力导致毁灭，而打闹游戏却能促进更深层次的沟通。

玩闹式的打斗是最常见的社交活动之一，因为就像跳舞一样，每个参与者都能高度适应对方。就老鼠而言，玩闹式打斗激活了大脑中负责互动的区域，有时也称之为社会脑，其结果就是提升了社交技能。不参与摔跤的老鼠，以及社会脑受损的老鼠，丧失了与其他老鼠玩耍或交配的能力。

除了沟通方面的益处，接触性的打闹游戏还为孩子们提供了探究力量和柔韧性的机会。这两方面的结合是作为一个健全人的本质。这里我们提到的敏捷不仅是身体方面的，还有精神方面的。在赛场上，运动员因其身体的敏捷性而著称。但他们从心底里知道，只有在头脑灵活的情况下才能做到最好。安东尼·佩莱格里尼指出，游戏式格斗短暂而激烈的爆发类似于运动员为实现最大程度的心血管健康而进行的间歇式训练。所有这一切，都为终身的健康铺平了道路，而不是屏幕诱发的嗜睡。

良好的身体状况可以提高孩子们的自信，帮助他们面对家庭和邻里之外的世界。身体舒服了，就可以很好地帮助自己学习如何控制冲动情绪，以及如何与同龄人进行良好的互动。

## 2 身体接触类游戏的五个基本技能

**练习：**对于这些动作，有一点非常重要，就是在和孩子进行“实操”之前，先用枕头或柔软的物体进行练习。练习可以避免因为失误将轻触变为重击。有一些更具挑战性的轻击动作需要观察员，所以得确保观察员也做了练习。

**了解自我极限：**大多数的接触性动作都需要一个最低的力量水平，以保证其安全性。这并不是说你必须是一名健美运动员，但在不玩打闹游戏的时间里，你也需要进行力量方面的锻炼。

**抵抗力：**你应有适当的身体抵抗力，孩子需要使用一定的力量才能挣脱你的掌控或者把你打倒。如果抵抗力过大，就会让孩子觉得沮丧，并最终放弃。而如果抵抗力不够，孩子也会放弃，因为没有太大的难度。为了达到这种平衡，可以试着从低抵抗力开始，慢慢向高水平迈进，在提升的过程中，注意孩子的反应。

**柔韧性：**在尝试接触性动作之前，确保自己做一些柔和的伸展动作。即使你柔韧性很好（我们大多数人都不善于此），伸展运动和瑜伽课程也会大大有助于让你和孩子更加享受这些活动。

**自我设障：**当孩子还比较小、比较弱，不像你一样自信时，你自己也要变得弱一些，收敛一些，以便与孩子的力量相匹配。当他们变得更加强大和自信时，你可以施加更大的力量。当他们可以打倒你时，就轮到他们自我设障了。

要让游戏大致势均力敌，和幼小的孩子一起玩时要收敛力量，当孩子大些时，再加大力度。

## 3 身体接触类游戏：纯粹的摔跤

- **适宜年龄：**2岁及以上
- **难易程度：**容易
- **基本技能：**抵抗力；自我设障

摔跤不过就是卷起袖子，和孩子们一起趴在地板上。表面看来，摔跤似乎是一种对抗形式，但它的核心却是沟通。摔跤具有流动性和互动性，而且在不断地移动。日本的柔道，是一种与摔跤很相似的武术形式，其字面意思就是“柔和的方式”。

摔跤的关键，在于让它成为一场大致平等的比赛（就是说，孩子还小的时候，你得收敛一下力量；随着他们长大，你要慢慢强大；而当他们能够打倒你时，轮到他们收敛力量了）。如果你比孩子高，在孩子站着的时候，你可以跪下或者四肢着地。在一起翻滚扭打，先打倒孩子，然后让孩子打倒你。

作为打闹游戏的摔跤可以是自由式的，也可以有具体的目标，比如：

- 将对方的肩按在地上，并保持一定的时长。让孩子真正发挥自己的能力来制服你。
- 轮番越过对方，直到位于房间另一边的终点。

- 当你想要把对方面朝上或面朝下地放倒时，让对方以四肢着地的姿势开始。
- 把对方推出特定场地，例如在地毯上用卷起的被单或围巾围成的一个圈。

**注意事项**

只允许推、拉、翻滚这些动作，避免出现拉升、击打、踢、抱举重摔、锁头或飞肘。

## 4 身体接触类游戏：腾空踢脚

- **适宜年龄：** 2~5岁
- **难易程度：** 简单
- **基本技能：** 柔韧性

这个动作源于少林功夫中“踢腿”的动作，即高举双臂，两只脚轮番向前猛踢。

**游戏步骤**

① 家长站在一个柔软的地方，地毯或者草地上。

② 让孩子面朝你，坐在你力量较大的那只脚上，握住孩子的手。

③ 举腿时将孩子扬起，抓住孩子的手，以便缓和孩

虽然这个游戏并不包括踢这个动作，但类似少林功夫中的踢腿。

子落地时的冲击力（用脚将孩子举起后，须将其牢固地放回地面，而不是放在你的脚面上）。

### 注意事项

不要在坚硬的地板上玩这个游戏，因为如果孩子到达了一个很高的高度，落地时容易受伤。

## 5 身体接触类游戏：蒸汽压路机

- **适宜年龄：** 6个月及以上
- **难易程度：** 容易
- **基本技能：** 柔韧性

**游戏步骤：**

① 家长仰面躺下，把孩子放在你的肚子上，腹部相连。

② 抱住孩子，然后一起翻滚，保持腹部相连的接触，以便保持孩子在下、你在上的姿势。你在上边的时候，避免用肘部支撑身体重量，以免挤压孩子；这样还有助于在滚动过程中保持稳定的速度。

③ 以这样的姿势滚动三次，然后向相反方向滚动。如果在平地上掌握了这个动作，就可以去有坡度的地方玩。

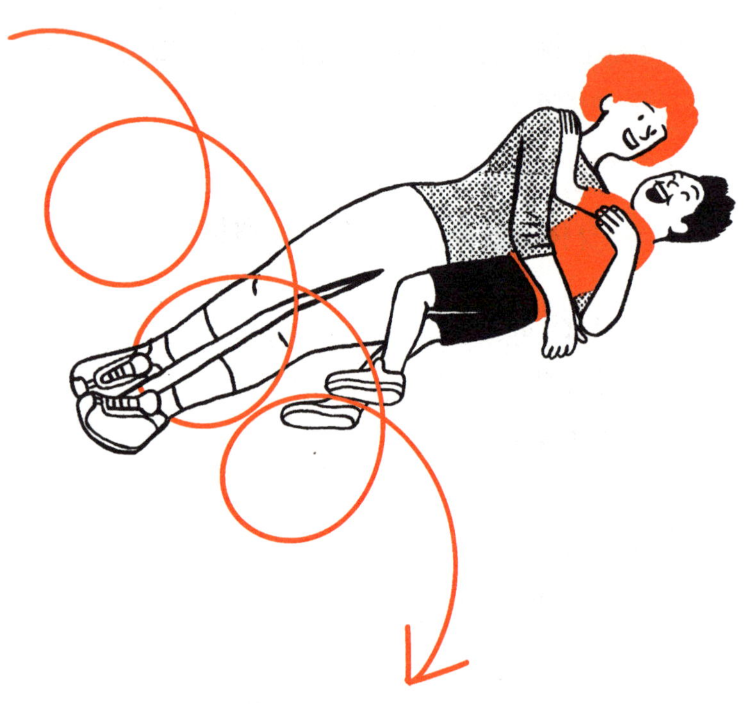

如果在平地上掌握了这个动作，就
可以去山坡上玩。

### 注意事项

如果孩子在18个月龄以下，在整个动作过程中，将一只手垫在孩子的后脑下，用自己的肘部支撑所有的重量。

## 6 身体接触类游戏：胡迪尼魔术师

- **适宜年龄：** 2~4岁
- **难易程度：** 中等
- **教具：** 胶带
- **基本技能：** 了解自我极限

这个动作是以伟大的魔术师和逃脱艺术家哈利·胡迪尼命名的，非常适合小一点儿的孩子。想象一下，胡迪尼被一条沉重的链子绑缚在树上，正在尝试一场难以置信的逃脱。

**游戏步骤**

① 家长仰面躺在地垫上，弯曲膝盖，双腿并拢，双脚着地。

② 指导孩子坐在你的脚上，孩子的背部斜倚在你的小腿上，让他们抓紧小腿肚的背面。然后让其他成年

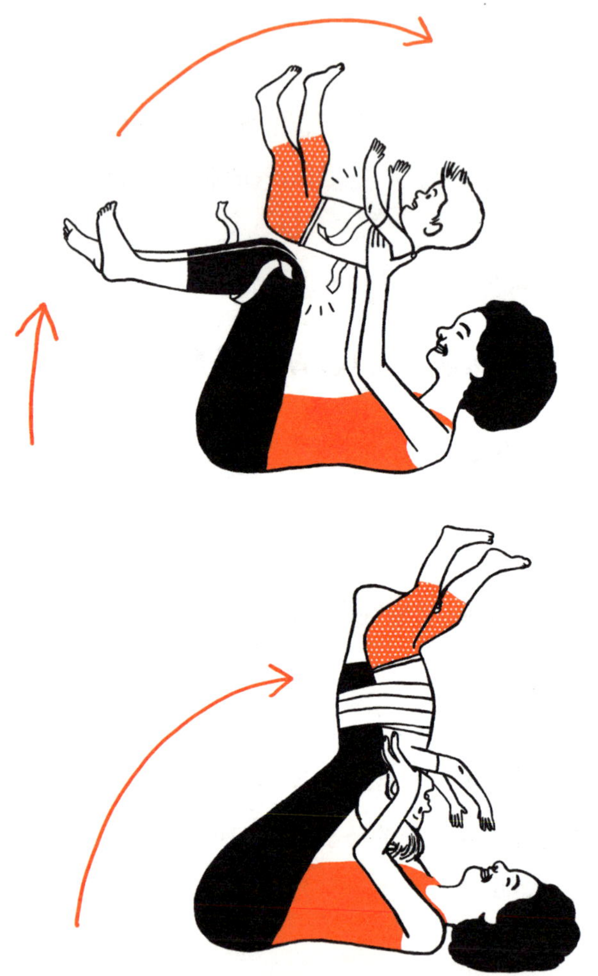

小孩子很喜欢将自己想象成一个魔术师，正在进行一场难以置信的逃脱。

人用几股胶带（不要太紧）缠住孩子和你的小腿肚。

③ 开始大胆地逃脱吧！举起双腿，你的孩子也会随之升高。当孩子差不多到达头朝下的位置时，把手放在孩子的肩膀或胸口，对孩子大喊："快逃啊！"就是让孩子撕掉胶带。然后帮助孩子完成向后的空翻，越过你的头顶。

## 7 身体接触类游戏：攀登乔戈里峰

- **适宜年龄：** 2~7岁
- **难易程度：** 中等
- **基本技能：** 了解自我极限

乔戈里峰（K2）位于巴基斯坦北部地区和中国的新疆之间，是全球第二高峰。在这个动作中，你将成为迷你版的K2，而你的孩子将尝试一次大胆的攀登！有三个高度：

海平面——做这个动作时你站立的地面或垫子。

大本营——你身体的一半高度，通常是到臀部的高度。

顶峰——坐在你的肩膀上。

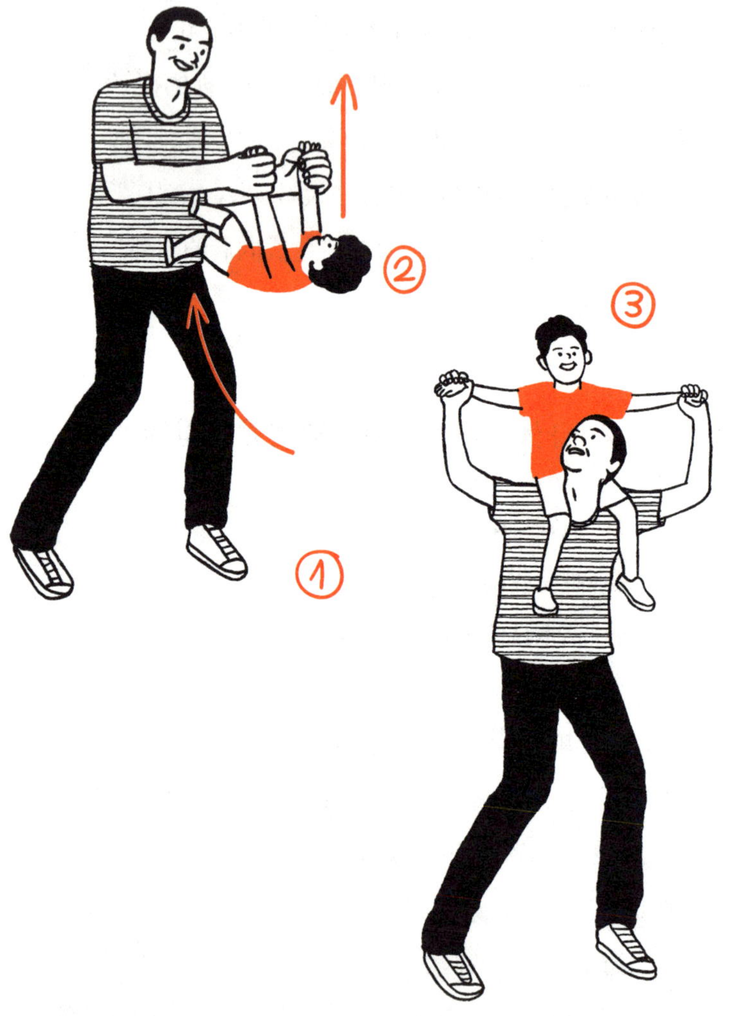


到达山顶之后，孩子可以尝试各种下降动作，回到平地。

**游戏步骤**

① 孩子面向你站着，握着你的手。

② 让孩子顺着你的腿爬到不同的高度。

③ 孩子到达顶峰之后，尝试各种下降方式，比如帝国悬崖。大本营是孩子在你的协助下后空翻降到海平面的最佳地点。

## 8 身体接触类游戏：忍者战士

- **适宜年龄：** 0~2岁
- **难易程度：** 中等
- **基本技能：** 练习

**游戏步骤**

① 让孩子坐在你的肩头，家长把手伸到他们腋窝下面（把手翻转过来，使大拇指朝前，用手指包裹住孩子身体的背面）。

② 稍稍弯下身体，迅速地把孩子向前翻转，越过你的头部，从肩上慢慢下降到地面——就像忍者从高楼上翻着跟头下降一样——自始至终，你的手都要支撑住孩子。

③ 帮助孩子安全落地。

把孩子从你的头顶翻过来，降到地面。就像忍者一个空翻从楼上跳下一样。

### 注意事项

对于两岁及以上的孩子，可以允许孩子用腹部从你的背上滑下来。刚开始的时候，可以举着孩子的手臂或腋窝，把孩子从你的肩膀上举起来。然后稍稍屈体，慢慢地放下孩子。下降到一半时，可以允许孩子自己完成余下的下落过程。

## 9 身体接触类游戏：红色龙卷风

- **适宜年龄：**3~7岁
- **难易程度：**中等
- **基本技能：**练习

该动作以美国DC漫画里的超级英雄“红色龙卷风”命名，他的超能力就是强风和极快的前进速度。

**游戏步骤**

① 孩子背对着家长站立，相距大约1米。孩子将头垂向胸部，把手伸到两腿中间。

② 家长抓住孩子的手或手臂，举起孩子的同时进行翻转。

③ 帮助孩子安全落地。

这个动作的关键在于，在翻转的同时将孩子举高。

## 注意事项

实际上，你是帮助孩子在飓风中翻跟头！关键是在翻转的同时要将孩子举高，否则孩子的头可能会撞到地板上。最开始的几次，监护者可以帮忙把孩子的腿向上抬。

另一种安全的玩法是事先在地上放一个枕头，就放在孩子的头部之下。

# 10 身体接触类游戏：亚基马特技表演

- **适宜年龄：**7~12岁
- **难易程度：**中等
- **基本技能：**练习；抵抗力；自我设障

亚基马·坎纳特是公认的好莱坞最棒的特技演员之一。最初亚基马是作为美国的一名牛仔竞技骑手受训，结果他不仅学会了特技表演，还发明了一些装置，让特技更加安全。他经常为约翰·费恩作替身，并在此过程中与公爵建立了友谊。他们二位合作，创造了很多特技和影视打斗技巧，沿用至今。

在这个动作中，你和孩子将上演一场精心编排的打斗场面。下面这些要领提示和动作技巧可以考虑融入场景当中。关键在于团结协作，在摄像机（或其他家庭成员）面前正式开始表演之前，先进行练习。

## 要领提示

① **让接触最小化**。记住，你们不是真的在打斗。

② **反应要逼真**。如果想让游戏式打斗的场景真实可信，那这个概念就至关重要。假装被拳打脚踢的人，越是用一种夸张的方式退缩效果越好，包括跌落或撞到地板上。

③ **遵从孩子的领导**：他们是想当个草莽英雄还是元帅？

④ **排练，排练，排练**。你练习的越多，表演就看起来越真实。同时也要练习对话！

## 动作技巧

① **拍打**。一个表演者需在对手脸旁“拍打”，以制造声音效果。大致就是在假装打击对手时拍自己的手。

② **出拳**。相比于上勾拳或刺拳，勾拳更容易伪装，因为对手可以简单地将头和身体离开拳击范围（同时离开观众视线）。不管是出拳者还是受拳者，都可以击打自己的胸部，并模拟出拳的声音。

③ **脚踢**。有两种风格比较奏效。第一种是屈腿后

踢：转身脱离对手，然后向后踢。第二种是用膝盖顶。抓住对手的衣领，抬起膝盖，把对手拉到膝盖附近（而对手会用头做一个戏剧性的鞭打式反冲）。

④ **推拉**。多做点儿这种动作。一个人倒下时，另一个应该拉他起来，使游戏变得更加有趣。

### 游戏变体

掌握了这些技巧之后，你就可以尝试将其变为慢动作。所有的技巧，如出拳和躲避，要做得非常非常慢，包括摔倒和爬起。在慢动作中，你可以进行真正的接触，而不是假接触，而且不必进行过多的演练，因为动作的缓慢可以保证安全性。

## 11 身体接触类游戏：帝国悬崖

- **适宜年龄：**2~7岁
- **难易程度：**困难
- **教具：**枕头或靠枕
- **基本技能：**练习；了解自我极限

这个动作以一条远足路线命名，这条路线位于密歇根北部的睡熊沙丘国家湖岸风景区。在这个动作中，孩

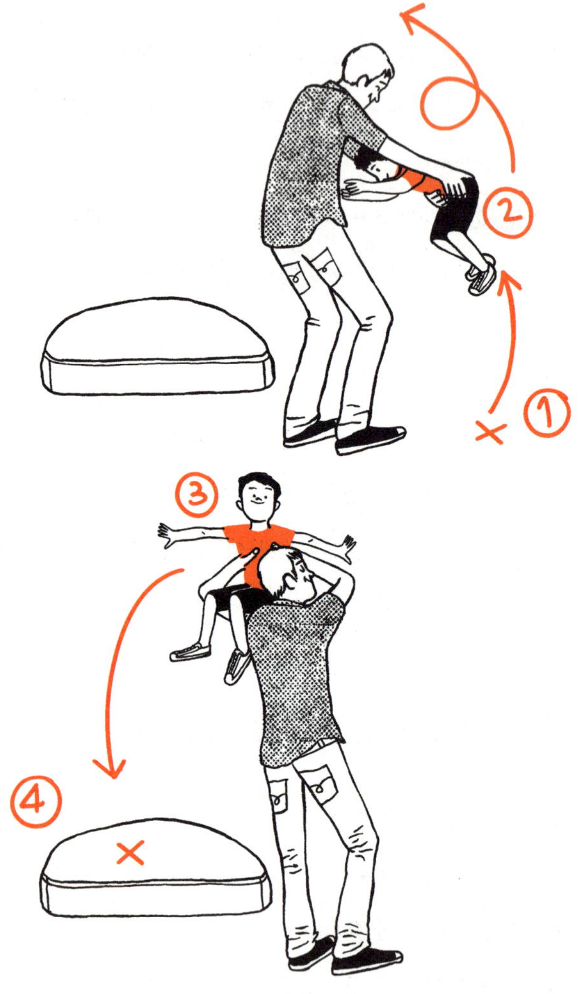


这个比较难掌握的动作需要多次练习——在真正开始做之前，要用到枕头。

子需要在你的协助下，在你的身上做一个垂直的前空翻，最后落在你的一个肩膀上，双腿从你的背上垂下。这个动作比较难掌握，所以在正式开始做之前，可以用枕头或类似物品练习一下。

**游戏步骤**

① 你和孩子面对面站好，让孩子弯下腰，把孩子头放在你的两腿之间，就好像你要给他来一个摔跤式打桩机。

② 抓住孩子的臀部，把孩子向上翻，朝向你的胸部。翻转的时候，用你的左腿（在孩子翻向你的胸部时，左腿要靠近他们的背部）将孩子抬起。

③ 把孩子抬得高一些，直到能坐到你的左肩上，脸朝后，双腿垂在你的背部。

④ 用你的左臂和左手环抱住孩子的腹部，而用右手支撑住孩子的背部。

**注意事项**

有好几种从“悬崖”降落的方式。第一种：简单地在肩头旋转他们（他们的臀部和腿会摆动着离开你的头），让他们能够从你的胸部滑落到地面上。第二种：让他们跳到你面前的沙发或床上。不管哪种降落方式，最关键的是避免孩子直接在重力的作用下落地。你可以用胸部，就像上边所说的滑落技巧一样，也可以用手臂或手（或两者并用）在他们落地时进行缓冲。 

## 12 身体接触类游戏：蜂鸟

- **适宜年龄：**12岁及以上
- **难易程度：**困难
- **基本技能：**柔韧性

蜂鸟是地球上唯一能倒着飞行的鸟类，其中雄性安娜蜂鸟是地球上速度最快的动物之一，它每秒钟飞行的速度是身长的385倍（约38.5米/秒）。这个游戏需要做一个身体向后的动作，故此得名。在这个游戏中，你需要一名监护者。

**游戏步骤**

① 你和孩子背对背站立，抓住彼此的手（理想状态下，你们最好高度差不多，个子矮些的孩子可以站在椅子上）。

② 你的臀部向前弯曲，同时，孩子把膝盖抵在胸前。

③ 你迅速站起，把孩子翻过头顶，放到地面上。在整个翻转过程中，不能松开彼此的手。在开始翻

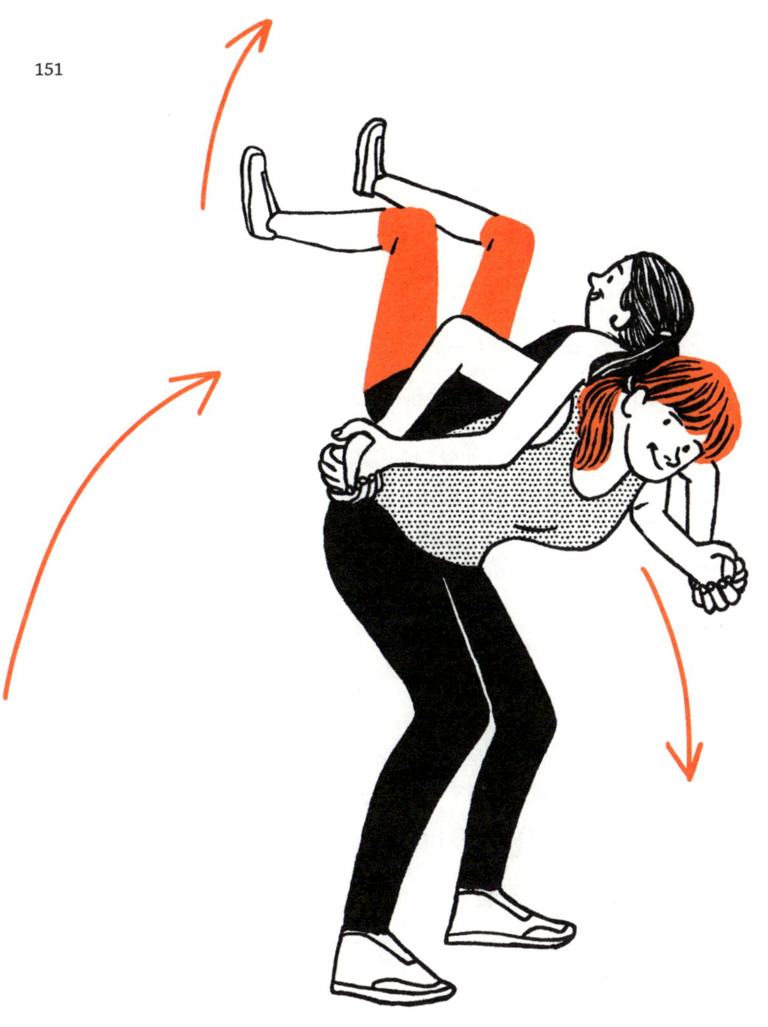

为了让翻转变得更容易，可以锁住孩子的肘部，而不是双手。

转时，监护者的手必须放在孩子的大腿下面，并在整个动作过程中对孩子进行指导。摇摆托举游戏中有个更容易一些的版本，是在进行翻转时锁住肘部（而非双手）。

### 游戏变体

这个玩法也必须有一名监护人。孩子两腿分开站立，你在孩子后方蹲下，把头放在孩子的两腿之间（就像骑在你的脖子上）。迅速站起，这样孩子就可以做一个后空翻，在你后边落地。你站起来时，孩子需要朝向胸部屈膝。这一次，监护者的手须放在孩子的胸部或腹部，帮助孩子完成后空翻。

## 13 身体接触类游戏：皮洛伯洛斯前滚翻

- **适宜年龄：**12岁及以上
- **难易程度：**困难
- **基本技能：**柔韧性；了解自我极限

这个动作的名字源自世界著名现代舞团皮洛伯洛斯舞剧团（该剧团以杂技、体操等运动技艺著称）。在这个动作中，你和孩子需要做一系列连续性前滚翻。由于你们两个人必须

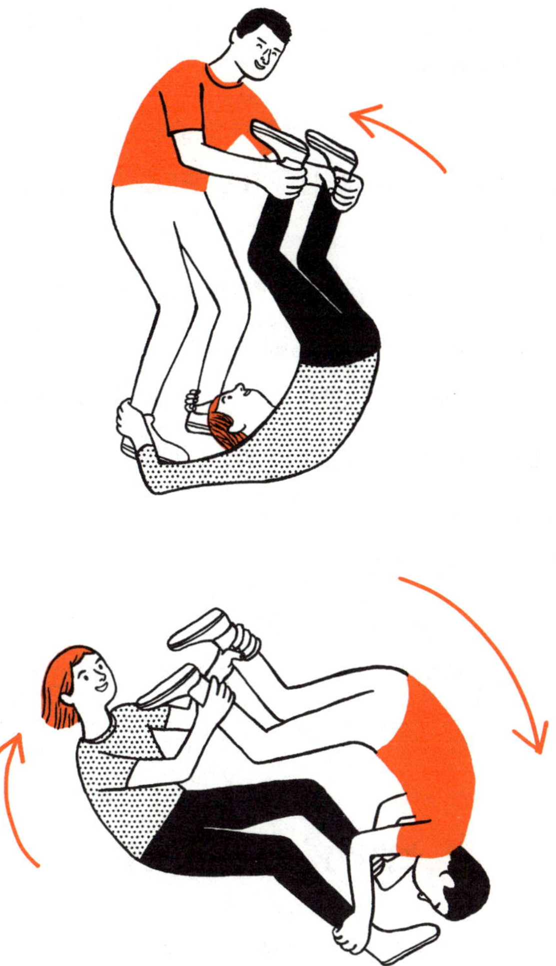

这个连续前滚翻的动作只能和身高与你差不多的孩子做。

连在一起，所以只能与和你身高差不多的孩子做。

**游戏步骤**

① 动作开始时，你站在垫子或柔软的草地上，两腿分开，与肩同宽。让孩子仰面躺下，头位于你的双脚之间。

② 孩子将腿抬向你，你抓住孩子的脚踝。同时，孩子反过来抓住你的脚踝。

③ 慢慢降低你的身体，在孩子的腿的上方向前翻滚，将其带至站立的位置，以便完成下一次的翻滚。

④ 重复上面的动作。

**注意事项**

前滚翻会引起头晕，所以在和孩子进行这个动作前，自己可以先试几次。

## 14 来自摔跤垫的真实故事

安东尼11岁的时候，喜欢上了柔道、空手道以及所有与忍者相关的运动。一天，他决定在爸爸身上试试他的回旋踢，结果差点把爸爸的屁股踢烂了，被爸爸追得满屋子跑。这个故事成了一而再再

155 而三被讲述的家庭传奇——臭名昭著的“踢屁股事件”。

当爸爸最终抓到他时，认真对他说：“安东尼，你长大了，变得更强壮了，你的力气大到可能会伤害别人，包括爸爸！”

当我们的孩子变得和我们一样强壮，或者强壮到足够伤害我们时，我们的工作就变成了教会他们如何控制自己的力量，就像在他们年幼时我们所做的那样。每个家庭都要计算出打闹游戏可以接受的强度水平。安东尼一家的这个水平就非常高，可以接受的活动中甚至包括与父亲之间的出拳竞赛。他们会轮流着尽可能收紧自己的二头肌，让另一个人打。他们互相打骂（“爸爸，我觉得有只苍蝇落在我胳膊上然后飞走了”），直到有人用暗语叫停。“哇，很不错耶！”安东尼回头看看，非常确信他爸爸会为了他而使气氛缓和下来，但那时他能感觉到，在亲密的父子关系的安全范围内，他们俩都使出了全身的力气。而在那些玩得不那么尽力的家庭里，这种水平的游戏式打斗可能过分了一些。

有一天，就有这么一个家庭来到了劳伦斯的办公室，希望他能裁决父母之间的争论。他们的儿子马库斯，在学校操场上多次被霸凌。爸爸认为马库斯应该反击，想要教他拳击方面的技巧。而妈妈并不喜欢以暴制暴，她希望马库斯能寻求到更加和平的解决办法。劳伦斯以最典型的治疗师方式安慰这对父母，说他们都是正确的。他鼓励他们在家里和孩子多做一些打闹游戏——不是拳击，而是摔跤和其他一些高强度、多接触的动作。劳伦斯向孩子爸爸解释说，玩这类游戏的目的是建立自信而不是让他强硬；同时他鼓励妈妈注意，高强度并不意味着暴力。马库斯睁大眼睛听着这场讨论。

摔跤成了这个家庭最喜爱的活动。马库斯喜欢他的父亲假装成一个大恶霸——然后马库斯会用全力将他打倒在地。这个动作结束时，他们通常会欢快地绕着房子跑上一圈。马库斯不再成为操场上的攻击目标，而且他再也用不着回击了（因为大多数霸凌者不会把目标放在身体自信且强大的孩子身上）。由于他在社交方面变得更加自信，马库斯也和其他没被霸凌的孩子玩得更多一些。这个游戏成功之后，马库斯和爸爸将其用于其他的挑战和困难。爸爸会假装成一道数学难题，一剂难吃的药，或者任何烦恼的源头，让马库斯将其解决掉。

我们在本章曾引用过埃德蒙·奈顿的言论。他曾经观察到，打闹式接触对于那些对某种类型的接触高度敏感的孩子来说特别有益。他们可能会躲避某些特定的衣物、特定的感觉，比如凌乱肮脏，甚至被拥抱亲吻，并为此而感到烦恼。有这种触感防御性的孩子，其普遍性出乎人们的意料，他们很容易被那些很平常的经历压倒，从而不参与游戏。摔跤、用力的拥抱、搂抱、以及按部就班地练习“脏玩”(messy play)，这些简单的方法可以帮助这些孩子变得不那么敏感，对接触不那么抵抗。关键是要了解这些孩子喜欢什么类型的身体接触，能忍受什么，以及不能忍受什么。在他们的舒适区范围内，每天多花一点儿时间和他们玩耍，慢慢地轻轻地将他们推出舒适区。

5岁的小男孩利瓦依就是个很好的例子。他突然变得狂野，尽管他的父母试图确保他拥有足够的睡眠时间、足够的锻炼和低糖分摄入，但这些都没带来什么变化，计时隔离、责骂、拿走他的玩具，这些也不顶用。他会时不时地走到妹妹身边，给她一拳，拉她、抓她或踩她。父母读故事给他听时，利瓦依会长时间地安静专注地坐着，但当故事结束时，他就会走到某人身边，对他拳打脚踢。甚至于他的语言都是充满暴力的：“我要扭断你的脖子！”“如果你再说一遍，我会把你的脑袋切下来。”

利瓦依的父母因此向劳伦斯求助，而劳伦斯的建议是，他们可以开始试着将利瓦依的击打看成是一种邀请他们参与打闹游戏的表示。现在他们有了各种各样的摔跤比赛。利瓦依的父母鼓动他将他们撞倒，或把他们从床上推下来；他可以用尽全力，但不能打或踢。他们全力以赴地玩枕头大战；他最喜欢在手臂和腿上套上枕头（把手和脚放在枕套里边），像一个相扑似的，把自己的父母撞倒。他好斗的性格有了大幅的削减，而家庭娱乐时间则大大增加。

每当我们问一家人，他们最喜欢什么样的打闹活动时，大多数都提到了不同形式的摔跤。有个妈妈写信给我们，提到了她和儿子玩的游戏“地震”：

那天我下班回来，脸朝下倒在床上，因为我太累了。我的儿子3岁，他走进来，爬上我的背。刚开始他只是坐在我身上，但我觉得有点厌倦，所以我慢慢地前后摇摆。他问："你在干嘛？""地震开始了！"他咯咯地笑起来。地震越来越强烈。最后强烈到把他甩下来了。我的儿子大笑不止，然后他立刻又爬回到我的身上，让我再做一遍。等他的妹妹长大了点儿，也和他一起坐在我背上。他们永远都不知道什么时候会发生地震，那种悬念和被掀翻在地的感觉同样有趣。在我忙得筋疲力尽的时候，可以说确实对孩子产生了影响。他们变得过于依赖别人，烦躁不安，什么都不愿意配合。但是20分钟的"地震游戏"让我们之间的关系恢复如初。而且我可以躺着玩，所以当我非常劳累时，它就成了一个非常棒的游戏。

还有一个案例，一对父母分享了身体接触类打闹游戏是如何改变他们那个易怒和抑郁的儿子。这个游戏说明，摔跤与击打或其他发泄怒火的方式有多么的不同。

他经常因为一些小事变得越来越愤怒，越来越沮丧，然后大发雷霆。有一次，他怒气冲冲地推我，我说:“我敢打赌，你绝不可能把我推到另一个房间！”他已经熟悉了摔跤规则，所以只需提醒他几次，击打和猛推是不允许的。于是，“推手”活动就诞生了。我们都伸出双臂，做与拔河运动相反的动作。当然，我会渐渐让他赢，包括让他把我推到卧室或床上，在那儿，我们会以笑声作为结束。不知为何，这项活动会使他的神经系统变得平和，就像暴风雨过后升起的太阳。在我哄着他玩了三次这个游戏之后，发生了一件很酷的事儿。他不再大发雷霆，而是开始意识到他的躁动，并且会说:“妈妈！我需要推手！”

这些故事说明，即兴创作身体接触类游戏的机会多的是。好的创作作品的关键是控制好强度。你可以通过慢动作，通过一次让一个孩子和你摔跤，或降低你说话的声音和力气等方式来降低强度。你可以通过加速、提高音量，以及一次与多个孩子进行摔跤的方式来提高强度。当与多个孩子进行摔跤时，会有一个“最佳击球点”，就是年龄比较大的孩子体型不能大到能伤害你的地步，而年龄比较小的孩子的体型要足以可以参与这项活动，不会伤到自己。但大多数时候，最好是一次和一个孩子摔跤，这样每个孩子都能竭尽全力。想要为一个孩子增加强度的同时为另一个孩子降低强度，是很困难的一件事。

在即兴创作身体接触类游戏时，另一件需要记住的事是得确保你遵从孩子的领导。为了说明这一点，来看以下两个看起来相似但实际上有很大差别的游戏。第一个是“踢球啊，爸爸”，另一个是“拦住爸爸”。

安东尼的朋友戴尔和他两岁半的儿子艾弗里开发了“踢球啊，爸爸”的游戏。每次戴尔下班回家，他的儿子都会拿着足球跑过来迎接他，嘴里嚷着：“踢球啊，爸爸！”这是他俩共同发明并且非常喜欢玩的一种游戏。艾弗里把球递给他爸爸，然后跑开，以便传球（他的接球技术还不熟练，但仍然喜欢尝试）。戴尔将球扔过房间，艾弗里把它捡回来。然后艾弗里全力跑向他的爸爸，力图抓住他（很显然，艾弗里对游戏中的抢球部分兴奋异常，从而放弃了追逐部分）。当他们俩统统撞地后，就变成了滚球的游戏，直到艾弗里说道：“再来一次！”他们会一直重复这个游戏，一直玩到吃饭时间或者戴尔筋疲力尽。 

“拦住爸爸”这一游戏是另一个家庭发明的，那时候他们两个女儿中的一个表现出严重的行为问题，故此前来向劳伦斯咨询。这位名叫本的父亲，并不怎么关心他的孩子，所以劳伦斯建议他们通过摔跤来建立更紧密的联系，他觉得这项活动应该有助于他们解决问题。本却明确表示，他“永远永远”也不会和自己的女儿摔跤，一个原因是她们是女孩，有可能会受伤，另一个原因是他对“摔跤”有着可怕的记忆，而这份记忆来自他的哥哥。因为那根本不是在摔跤，而是被一个比他大、比他强壮的人殴打。

劳伦斯坚持说，摔跤会很有趣，对女孩来说也是安全的。最后，本同意试试，然后他们三个人共同发明了“拦住爸爸”这个游戏。在游戏中，两个女孩会藏在屋子里，本会四处寻找她们。当他经过她们的藏身之处时，会假装没发现她们，而她们则跳出来拦截他。他吓得尖叫并大声讨饶，还要想方设法挣脱女儿们的围剿（其实没用多大劲儿）。当然，女孩们可不会怜悯他，只会让他起来再陪她们玩一次。即便他假装无助地躺在地板上，就像小时候被哥哥欺负时一样，本也依然能感觉到，以娱乐、建立联结和让女儿拥有权利为目标的摔跤游戏，和被欺负有着本质的不同。

他们三个人在感受到这个游戏的乐趣之后，又发明了其他打闹游戏，帮助那个曾经遇到困难的女儿渡过难关。但更重要的是，打闹游戏把整个家庭团结在了一起。本第一次感觉到自己像一个“真正的父亲”，而不仅仅是养家糊口和执行纪律的机器人。他终于体会到了健康和身体接触游戏带来的强大力量。

# Chapter 6 Imagination

# 第六章 想象类游戏

想象力常常把我们带到从未去过的世界，
如果没有想象力，
我们将无处可去。

卡尔·萨根（Carl Sagan）
美国天文学家、科幻作家、纪录片《宇宙》主演

# 1 想象类游戏：让孩子更具创造力

几乎每个9~15月大的孩子，头脑里都会发生一些神奇的事情，即发展出了想象力。在这之前，当你托举着他们在房间里飞行时，他们只是很喜欢这个动作带来的刺激，并会和家长分享这份兴奋。但在这个年龄之后，他们会想象是自己在空中飞翔，这项活动在他们脑海中会呈现出一种新的体验。仿佛突然之间，在他们眼中，一根棍子会变成任何东西，比如一个瓶子，甚至是一辆汽车。随着时间的推移，想象类游戏在孩子们的生活中会变得更加复杂和详尽。

到达学龄前阶段时，他们所玩的想象类游戏数量会飞速增长，这会促进他们的社交能力、思考能力、讲故事的天赋、创造力和更高级的语言能力的发展。

过家家就是一个很好的例子。这个想象类游戏可以帮助孩子们练习照顾子女（就像父母一样）、做家务（也是模仿父母）以及争论（你懂的）。一般来讲，女孩更喜欢玩过家家，而男孩更愿意玩好人/坏人的角色扮演游戏。但我们也应该鼓励男孩去练习怎样养育孩子，否则，当他们成为父亲或监护人后，如何知道应该做些什么呢？他们又如何学会在没有武器和超能力的情况下解决问题呢？另一方面，我们需要鼓励女孩在安全的边界内学会表达愤怒、主见等，而不是恪守女孩固有的形象——时刻保持着优雅。

遗憾的是，大部分人在迈向成年的过程中，都会被这个世界不断洗脑，觉得自己天生缺乏创造力。我们开始相信，创造力要么是与生俱来的，要么就根本没有。这种想法是极端错误的！我们每个人生而具有创造力潜能，只是不知道它的存在，或者没有对其进行培养和激活罢了。同时，大多数人认为，创造力只存在于绘画、音乐领域。他们忘记了，想象类游戏和灵活的打闹游戏中也蕴含着极大的创造力。

我们每个人都拥有创造力，这是件很棒的事情，因为创造力是解决问题的关键。从本质上讲，如果把解决问题的能力比作一块肌肉的话，想象类游戏就是锻炼这块肌肉最有效的方法。孩子每玩一次假想游戏，就等于练习了一次解决问题的技能。

心理学家布莱恩·萨顿-史密斯来自新西兰，是游戏研究领域的一位先驱。他发现，如果让孩子尽情去玩一个不熟悉的物体，孩子会摸索出很多充满想象力的使用方法；而那些没被允许玩这个物体的孩子，就创造不出那么多的方法。这就是解决问题能力的本质——为一个问题设计出多种解决方案，为了做到这一点（或学习任何东西)，没有比游戏更好的方法了。这就是为什么无论是在学校还是在家里，孩子都需要更多时间玩耍的原因。

讲故事的能力常常被家长忽视。无论故事简单或复杂，有趣还是严肃，在生活中，讲故事的能力都是至关重要的，它能帮助我们将信息有效地传达给其他人，尤其是当我们试图说服或激励别人时。父母和孩子共同讲述一个故事是一件很棒的事情，他们可以在对方灵感的基础上迸发出新的想法，最终的作品是任何一方都无法单独想到的东西。

想象类游戏真的很不错，如果和打闹游戏结合在一起，那就更好了。想象调用的是大脑中最具创造力的区域；而打闹游戏要动用身体的全部肌肉；父母与孩子之间的互动，用到的则是社会脑(也叫社交脑)，它能让孩子掌握与他人相处所需的技巧。这一章中提到的动作都是经过特殊设计的，就是为了帮你在进入孩子的想象世界时，激活以上这些区域。

正如美国蓝人乐团和蓝色学校的创始人之一克里斯·温克所说:“孩子们可不是空的货车车厢，等着被信息填满。我们应将他们看作宇宙飞船，我们的任务是找到推进器、点火，让他们起飞。”

## 2 想象类游戏的三个基本技能

**发散思维：**面对一个问题获取多个正确答案的思考方法，这是创造力的根本。具有发散思维的人有着无穷的好奇心，思考不受条条框框的制约，他们从不认为什么想法是愚蠢的，会探索各种各样的解决方法，而不满足于只找到一个正确答案。教具有助于激发孩子的发散思维，例如，一张毯子可以被想象成一个堡垒，也可以被想象成一个巨大的玉米面卷饼。我们最喜欢的教具包括沙发垫、枕头、床垫或毯子。

**角色扮演：**让孩子变成强者、领袖、有能力的人、可怕的怪物或超能英雄，而你则扮演胆小、笨拙和无能的人。

**讲故事：**在所有想象类打闹游戏中，你都可以加上故事情节、人物角色，或其他奇幻的元素。快速而简单地进入想象类游戏的方法，就是变成各种各样的动物，尝试使用各种动作声音和情绪。充满幻想的超能力特别受孩子的欢迎，尤其是当你的孩子拥有轻松打败你的超能力时。你们也可以假装穿越到了地球的两极，在一座冰川上，你们只有通过合作才能安全滑下来。或者是来到了亚马孙热带雨林，需要荡着藤蔓才能越过沼泽。

## 3 想象类游戏：险渡吊桥

- **适宜年龄：** 3~5岁
- **难易程度：** 容易
- **教具：** 两把椅子
- **基本技能：** 角色扮演；讲故事

克里夫顿悬索桥是英国著名的建筑，它横跨在埃文峡谷上空，主跨长度为213.36米。你的孩子敢独自走过这座桥吗？

**游戏步骤**

① 你坐在椅子上，把两只脚放在另一把椅子上，模拟桥的样子。你的腿就成了悬索。

② 让孩子站在你的两腿之间，就像双杠上的体操运动员一样。

③ 你的腿开始摇摆，鼓励孩子抓住并握紧"悬索"，因为峡谷里开始刮风了！运用你的想象力，编造出一系列的危险。比如告诉孩子："你来到了一个桥洞附近，需要让双脚离开地面。"或者假装这座桥被闪电击中而坍塌了，这时你要把腿放低，然后问孩子："你能不能自己站起来，爬到安全的地方？"

让孩子站在你的两腿之间，两臂放在你的腿上，就像在双杠上一样。

### 游戏拓展

你们也可以互换角色。轮到你跨越峡谷时，你要控制好身体的重心，把所有重量都放在地板上，但同时要假装你明显失去了平衡，非常害怕会一头扎进桥下的河水里。这是一条艰辛又很漫长的路！

## 4 想象类游戏：打闹版过家家

- **适宜年龄：** 3~6岁
- **难易程度：** 容易
- **教具：** 玩具娃娃1个，餐具若干
- **基本技能：** 发散思维

平静、安宁地过家家当然可以，但偶尔让它喧闹一点儿也是很有趣的。这个游戏就是在传统版过家家游戏中，加入了打闹元素。

**游戏步骤**

① 如果孩子在主持一场假想的茶话会，几分钟后，你可以跳起来嚷道："哦！这茶让我变成了一条龙，我得扑扇扑扇我的翅膀。"然后开始在房间里到处拍打，并邀请孩子加入你的行列。

“天哪！我是不是听到了象群的声音？”

② 如果孩子让你负责把玩具娃娃放到床上哄睡，你可以假装娃娃正在野蛮地和你摔跤，请求孩子来帮你（尽管他们可能会站在娃娃那边）。

③ 如果孩子宣称现在是睡觉时间，你就可以说：“我真希望在我睡觉的时候没人扑向我！”这其实就是邀请孩子和你一起打闹的信号。

**注意事项**

当然，有些孩子对于茶话会非常认真，并且设想了许多家庭场景，他们不希望你过于吵闹而把他们的计划弄得一团糟。在这种情况下，你就遵从他们的玩法吧，然后慢慢引入一些肢体接触的元素。

比如喝茶时碰碰孩子的肘部，轻声说：“亲爱的，我是不是听到了象群的声音？我们是不是应该把所有宝宝带到安全的地方？”如果他们同意，你可以抱起孩子和所有玩具跳到沙发上。如果他们不同意，那就等待时机再试一次。

# 5 想象类游戏：木棍变形记

- **适宜年龄：** 4~10岁
- **难易程度：** 容易
- **教具：** 木棍、垫子、石头等轻便的物品
- **基本技能：** 发散思维

为了取悦那些不喜欢高科技的人，在2008年，玩具名人堂引进了棍子游戏。位于美国纽约州罗切斯特市的斯特朗国家玩具博物馆认为，棍子是一种极具创造力的玩具，它拥有经久不衰的魅力——它可以变成任何孩子想要的东西，而且根本不需要电池。为了庆祝木棍的这一荣誉，我们特地发明了"木棍变形记"这个游戏，这是一项需要快速想象力的游戏。

**游戏步骤**

① 让孩子选择一根棍子（或者垫子、石头等），递给你并大喊："开始！"

② 你要尽可能多地说出这根棍子的用途，让孩子进行表演。你每次说出的用途，需要和孩子前一个动作连贯起来，比如你可以说："这根棍子可以是一把铁锹，用来挖出海盗所藏的宝藏。"此时孩子要做出用铁锹挖

一根木棍可以瞬间变成孩子想要的任何东西。

宝的动作。然后你可以说:“它又变成了一把宝剑,用来吓退海盗。”此时孩子要做出挥舞宝剑的动作。如果你说:“它变成了一架望远镜,以寻求救援。”孩子就要做出用望远镜眺望远方的动作。如果你说:“它变成了帮助老人逃跑所用的拐杖。”孩子就要假装成老人,把木棍当作拐杖蹒跚前行。如果你说:“它又变成了开启隐秘洞穴的一把钥匙。”孩子就要假装用木棍来开门。

③ 如果你再也想不出其他用途,或者对这个游戏感到厌倦了,可以让另一个玩家换一个新的物品,开始新的一轮。

## 6 想象类游戏:野蛮人入侵

- **适宜年龄:** 3~8岁
- **难易程度:** 中等
- **教具:** 毯子、枕头、沙发垫、胶带等
- **基本技能:** 发散思维

亚拉里克是攻占罗马城(公元410年)的第一个蛮族首领。在这个游戏中,你要假装自己是罗马城,而你的孩子是亚拉里克。

枕头和沙发垫都是建筑材料，可以搭建一座坚不可摧的堡垒。

**游戏步骤**

① 首先你得先建一座“罗马城”。你可以用很多毯子来搭建堡垒，用胶带把它们贴在家具上。你可以将一堆枕头或沙发垫摞在一起当作“城墙”。建好堡垒后，你要在里面躺下来，假装睡着了。

② 你的孩子要潜入堡垒中，压在你的身上，你要假装被吓得惊慌喊叫。

③ 你要在周围放上更多的枕头或沙发垫，并且故意扬言：“我已经把城墙加固了，这次蛮族绝不可能偷袭成功！”然后再次假装睡着，结果当然又是被蛮族成功入侵。

## 7 想象类游戏：凶猛怪兽

- **适宜年龄：** 3~8岁
- **难易程度：** 中等
- **基本技能：** 发散思维

这个游戏，我们是从一位妈妈那儿听来的，它是由这位妈妈的孩子和爱人共同发明的。

**游戏步骤**

① 让孩子绕着房子跑，你坐在角落里，假装是一只

用一些有趣的方式给孩子制造障碍，让孩子兴高采烈地逃脱。

又坏又凶的怪兽。

② 每当孩子经过时，用一些有趣的方式给孩子制造障碍。比如给他们来个熊抱，抓住他们的脚，或者伸开四肢趴在地上，阻挡他们的去路。最后，让孩子兴高采烈地跑掉。

**注意事项**

怪兽设置的障碍不能太难，这样孩子才愿意绕着房子再跑一圈，因为他们很好奇，不知道下一轮怪兽又会想出什么招数，但同时又知道自己肯定会成功逃离。

## 8 想象类游戏：魔力飞毯

- **适宜年龄：** 2~6岁
- **难易程度：** 中等
- **教具：** 一条大而结实的毯子
- **基本技能：** 发散思维

这个游戏因童话故事《阿拉丁神灯》中“神灯精灵”最喜欢的交通工具而得名。它需要一张大毯子，最好由2~4名成年人配合来玩，如果孩子很小，或者成年人足够强壮的话，也可以独自进行。

2~4名成年人拉着毯子，让孩子享受到乘坐飞毯的感觉。

**游戏步骤**

① 让孩子躺在毯子上，假装是“神灯精灵”，成年人抓住毯子的四个角，把孩子和毯子一起抬起来，然后开始跑动。

② 让毯子突然降落在沙发垫上，然后再把它抬起来。这会让孩子又惊又喜，因为他不知道下一步会发生什么。

**注意事项**

如果只有一名成年人参与，孩子需要趴在毯子的对角线上，你将孩子拎起来时，要把毯子的四个角都牢牢抓住，让毯子变得像麻袋一样。离地30~60厘米就可以了，这样即使发生意外，也能把损伤降到最低。但是，奔跑时你仍然要时刻留意周围环境。孩子通常会请求让他和小伙伴一起坐在飞毯上，但是这样做的话，孩子们很容易发生碰撞，不太安全。

**游戏变体**

如果是大一点儿的“神灯精灵”，毯子的每个角至少需要一名成年人拽着，若有更多的成年人来拉着毯子的边缘那就更安全了。另外，成年人要在齐腰处把毯子展开，而不能将其团成一团。然后一起定个节奏让毯子上下跳动，数到“3”时，把孩子抛向空中。要想确保能在离地面几十厘米的高度接住孩子，毯子中间就必须有下垂的空间，而且不能让孩子在下落时撞到地板。

如果有足够多的人拽着毯子，而你自己也有胆量尝试的话，孩子也会乐于帮忙把你抛向空中的。

## 9 想象类游戏：很久很久以前

- **适宜年龄：** 3~5岁
- **难易程度：** 中等
- **基本技能：** 角色扮演；讲故事

这个游戏在设计时融合了孩子喜欢做的三件事情：讲故事、角色扮演和撞人。

**游戏步骤**

① 和孩子一起确定一个故事主题，打开合适的背景音乐（例如，鼓声非常适合丛林冒险，而电子音乐则适合外太空机器人航行）。

② 你讲个故事，然后和孩子一起进行表演。每当你介绍一个新人物、动物或生物时，每个人都要变成这个角色，并通过动作、声音和大量的肢体互动表演出来。例如，大象互相摩擦鼻子，机器人互相碰撞，蛇互相缠

在新的角色出现之前，每个人都要随着音乐的旋律起舞。

绕着爬行等。在新的角色出现的间隔，每个人都要随着音乐的旋律起舞。

### 注意事项

故事可以是荒唐的，也可以是严肃的，可以是自己编造的，也可以是基于真实生活或者电影的。只不过得确保故事里有很多的新角色，便于表演和互动。可以试着问问孩子:“下一步会发生什么？”

随着故事的发展，你得牢牢记住一个可靠的经验:刚开始时节奏要慢一些，然后逐渐增强节奏、提升动作难度，最后逐步放慢节奏，直到结束。

## 10 想象类游戏：极限体能王

- **适宜年龄：** 3~10岁
- **难易程度：** 中等
- **教具：** 家具、纸胶带等
- **基本技能：** 发散思维；角色扮演

这个游戏的名字来源于日本的一档运动娱乐节目《极限体能王》，在这个节目中，参与者需要跑完四段难度很大的障碍赛，现在，你们可以参考这个节目打

在不同的家具之间跳跃，从纸胶带做成的激光束下穿过。

造自己的打闹游戏版本啦。户外路线是很容易设置的，因为空间比较大，你可以利用一些设备，比如路锥、网、篮球等。室内路线就比较难设置了，因为很多人不确定应该从哪儿开始，所以下面是一些针对室内路线的建议。

- **能组合的家具越多越好**。我们推荐大一点儿的椅子(但不是躺椅)、沙发和结实的非玻璃材质的桌子。
- **我们也推荐使用纸胶带！** 在不同的高度贴上长长的纸胶带，从这堵墙延伸到那堵墙，或缠绕在不同的家具之间，假装它们是能够溶化血肉的激光束，绝对不能碰触！纸胶带非常好用，因为它不会破坏墙漆，也不会把家具上的油漆粘掉。
- **选择好起点和终点，为你制定的路线指明方向**。在奔向终点的过程中，在不同的家具间跳跃，把沙发垫当作中间着陆台(把地板当作融化的岩浆)。躲避或跳过纸胶带做成的激光束，以团队合作的方式穿越尤其困难的激光束点位。你们可以互相调整时间，或者共同通过。还可以在路途中编个故事，解释一下自己躲避的原因。

## 11 想象类游戏：床垫漂流

- **适宜年龄：** 3~10岁
- **难易程度：** 困难
- **教具：** 一张儿童床垫或单人床床垫
- **基本技能：** 发散思维

智利的富塔莱乌富河水流湍急，一直被认为是世界上最危险的漂流胜地。在这个游戏中，你和孩子也将体验一次沿着湍急河道漂流而下的旅程。

**游戏步骤**

① 找一张儿童床垫（或单人床床垫、体操垫等），放在楼梯或台阶最高处。

② 和孩子一起坐在垫子上，然后就开始“离岸漂流”啦！为了坐得更稳一些，你们需要抓紧垫子的边缘或把手，一旦垫子的前进方向出现偏移冲向墙壁时，你们就要及时松手。

**注意事项**

这个动作之所以被评为“困难”级别，正是因为它需要我们格外小心，以免撞上栏杆和墙壁，或在下滑的过程中向下翻倒。

为了稳固，需抓紧垫子的边缘；如果是冲向墙壁的话，可以撒手。

# 12 来自想象世界的真实故事

每个打闹游戏，都有即兴发挥的空间，而想象类游戏本身就是即兴发挥。这类游戏的设计初衷，就是同一种玩法永远不会出现第二次，你和孩子不会有重复的游戏体验，而且为你们提供了大量的互动机会。即使这类游戏中存在一些竞争性，其内核也是一场需要两个人配合的双人舞。

正如达尔文所说："在人类（也包括动物）的历史长河中，只有那些学会合作并最善于随机应变的人才能生存。"或者用集体即兴创作的代表——美国摇滚乐队感恩而死（Grateful Dead）的话来说，就是："为了成全整个乐队的即兴表演，我们放弃了独奏。"

集体即兴创作，意味着你和孩子要根据对方的表现一起做出即兴反应。劳伦斯的一个来访者，9岁男孩奥马尔小时候从未玩过任何想象类游戏。他是个非常严肃的孩子，因此在学校里也没什么朋友。但他喜欢下象棋，所以劳伦斯就陪他下棋，每次都会输掉（完全不必假装）。在沉默、严肃地下了几盘棋后，劳伦斯尝试引入一个想象元素，假装自己是冲动、暴躁的鲍比·费舍尔，而奥马尔是冷静沉着的鲍里斯·斯帕斯基。每当劳伦斯输掉一场比赛，他就会大发雷霆，气得追着奥马尔满屋子跑。就这样，奥马尔慢慢松弛了下来，愿意参与到更多好玩的游戏中，并与其他孩子交上了朋友。

讲故事，也是我们能够通过想象类打闹游戏教会孩子的一项关键技能。将动作和意义结合在一起，释放出来的能量尤其巨大。当安东尼的女儿米娅18个月大时，她和妈妈安娜参加了一个戏剧游戏班。课上经常使用的一个教具是巨大的彩虹降落伞，成年人要一起在房间中央把这个降落伞往上拉，而孩子们在伞下跑，经常会撞到一起。有些时候，成年人会突然把彩虹降落伞抛向空中，然后飞快地拉到自己身后，坐在伞边上，制造出一个降落伞堡垒，把每个人都包在里面。彩虹降落伞的中间有一个小小的圆形开口，米娅经常歪着脑袋从开口往外看。然后，米娅和妈妈会一起编故事，描述“天空之城”里将会发生什么事情，通常都是些比较狂野的故事，比如“一只狗在天上飞”。米娅非常喜欢这些故事，因为这跟她喜欢听的睡前故事太不一样了。从物理层面上来说，彩虹降落伞给充满创造性的讲故事游戏提供了新的冒险方向。

孩子大一些以后，想象类打闹游戏就会变成超级英雄游戏，你需要做的是用一些有趣的方式增加和孩子的身体接触。“飞起来啦”通常是个不错的选择，如果不小心跌倒或者撞在一起，那就更好玩了。如果孩子想让你当坏人，你可以玩“差点儿就抓住你啦”的游戏，在马上要抓住孩子的那一刻，假装摔个七仰八叉，让孩子成功逃脱。大多数孩子喜欢在受到惊吓的临界点玩打闹游戏，有些惊险刺激，但又不至于害怕。所以，你扮演的坏人或魔鬼，最好有些愚蠢或笨手笨脚。你可以通过音效、变高、加快速度和出人意料的惊喜来渲染恐怖气氛，但不要太过头，不要让令人愉悦的紧张感转变为真正的恐惧。孩子要明确知道自己能接受什么程度的惊吓(包括假装制造出来的)，这就是我们要遵守的基本法则：听从孩子发出的信号。如果恐怖因素过了头，孩子往往会因为受到惊吓而抗拒游戏。

很多孩子喜欢玩“上学游戏”，因为这样他们就能进行角色转换，自己来当老师。他们通常会让父母当学生(通常是淘气的学生，因为这样会使游戏更好玩)。游戏中的学校千万不能像真实的学校那么井然有序，所以为什么不能有枕头大战学校、恐龙大战学校或楼梯漂流学校呢？

想象力，还可以让令人厌倦的传统游戏焕发新生，比如孩子都很喜欢的“骑马游戏”，爸爸除了单纯地扮演一匹马，也可以扮演一匹从歹徒身边逃走的烈马，或者飞往火星的宇宙飞船。然而，如果你总是企图改变孩子喜欢的游戏，有些孩子可能会大发雷霆。如果是那样，最好的解决办法是用最大的热情、全身心投入孩子的游戏中，这样就能让孩子明白，你是多么愿意用他们的方式玩这个游戏，这样你才有机会鼓励他们在游戏中引入更多的创造性。

如果你扮演的是很愚蠢或者性格极端的角色时，任何打闹动作都会变得更加有趣。明是劳伦斯的一名来访者，当他和儿子女儿玩“恶魔岛越狱”游戏时，通常会假装成残暴的狱卒和一对邪恶的亡命徒。这个游戏他们玩了好几年，在此期间，他们赋予了这些人物更加复杂的声音和个性，这样“追捕”的时候就更真实更好玩了。当明对这个游戏丧失热情时，他的孩子们为其注入了新的活力。有一次在“监狱”里，孩子们告诉他：“别再当狱卒了，当一匹帮我们逃跑的马吧！”然后他们跳到爸爸背上，从“沙发监狱”里逃了出去。

有一天，明特别累，他想要玩一些不那么费力的游戏，就对孩子们说：“我们来玩一些不会让我太累，但仍然有趣而且可以拥抱的游戏吧。”玩法非常简单，简单到他觉得说出来孩子们肯定不会同意：“1、2、3，抱一抱，怎么样？”



“那是什么？”

“我们数到3，然后你们俩一起跳到我腿上，来一个大大的拥抱。”出乎他的意料，孩子们很喜欢这个主意，反复玩了很多次。玩过几次之后，他们还想出了一个更刺激的玩法：在他们跳到爸爸腿上之前，不告诉他数到几会跳上去。

将想象力和打闹游戏相结合，能想出无数种玩法。有个妈妈给我们写信，分享了一个在她家很受欢迎的游戏，正是受其启发，我们才发明了“粘住啦”这个游戏。

儿子和我共同创造了一个新游戏，把身体对抗和肢体接触结合在一起。他把我的双手合在一起，然后使劲将其分开。也就是说，我的双手就成了具有磁力的手。他咯咯笑着，更加用力地想把它们分开。而我需要提供适当的阻力，既不能让他轻易分开，又不能让他觉得毫无希望。这一次，他终于成功了，而他的脸又被我的磁力之手吸住了，夹在我的两手之间！我的磁力之手会夹住他的背、他的手等部位，每一次他都拼尽全力将它们分开。

最近我一直在思考，这种看似预充的游戏，其实能化解很多矛盾。比如昨天我丈夫正往冰箱里放东西，我儿子趁机爬了进去，然后说："关门！"我丈夫说："快从冰箱里出来，小家伙！"马克嚷道："不！"我可以看出丈夫准备反击，我赶紧凑到他耳边小声说："假装他是一棵巨大的蔬菜，你关不上门。"我丈夫立刻就明白了我的意思，用很夸张的声音说道："天哪，里边有个超级大土豆！你是我见过的最大的土豆！我得赶紧关上门，免得它跑了！哦，不会吧？门居然关不上。"马克被逗得咯咯直乐，然后从冰箱里出来，飞奔到另一间屋里玩去了。我丈夫转身对我说："这个建议，我非常欣赏。"

# Chapter 7 Extreme Roughhousing

# 第七章 高强度打闹游戏

温度达到211°F，水是热的。
温度达到212°F，水会沸腾。
水沸腾了，产生蒸汽。
有了蒸汽，你就可以驱动火车。

**山姆 · 帕克（Sam Parker）**
**电影《212°：额外的那一度》男主角**

# 1 高强度打闹游戏的三个好处

本书开篇介绍了什么是打闹游戏，然后将你带入飞行类游戏、比赛类游戏、身体接触类游戏和想象类游戏的世界，现在，我们将以“高强度打闹游戏”作为终结。这一章中提到的游戏动作强度都比较高，但孩子的收获也会不同寻常：**敢于冒险、毅力和自信。**

敢于冒险，意味着要迎接和直面挑战。我们不希望自己的孩子无忧无虑，忽视那些潜在的危险，但同时也希望他们能够不断尝试新鲜事物，勇于挑战自我，尽管第一次可能会失败。但这不是真正的失败，因为真正的成功是放下结果，勇敢面对每一个障碍。这种态度，是可以通过打闹游戏教会孩子的。

有些孩子正相反，他们讨厌冒险。这恰恰就是你介入的意义。你的陪伴，你与孩子之间的联结与信任，还有你对他的信心，这些融合在一起，会推着孩子走出舒适圈，一直走到临界点进行尝试。不要一下子把他们推出边界，但也不要放任他们退缩。这些高强度打闹游戏对促使孩子敢于冒险很有益处——你要做的仅仅是握住他们的手，陪他们一起踏入未知的世界。

玛利亚 · 布利索尼是一名加拿大的研究者，她的研究领域就是如何避免童年伤害。但是你可能会很惊讶，因为她支持冒险而不是反对冒险。她和同事们研究发现，那些喜欢攀爬、跳跃、打闹、探索和“挑战极限”的孩子，无论在生理上还是心理上都更健康。

中国浙江安吉儿童村幼儿园的教育者，都是懂得冒险价值的专家。他们最重要的原则，就是孩子要选择适合自己的冒险水平，一定要确保安全。孩子小心翼翼地将一只脚放到绳梯上就是在冒险，而风险水平恰恰是此时对他们来说最合适的水平。从梯子上跳到垫子上的孩子也一样，只要孩子选择的是他们能做的事就行。如果推动孩子去做一些“别人都会做”的事情，或者被敦促着“小心点儿，小心点儿”，他们就会失去对于冒险的自我导向。结果就是，他们很有可能受伤。见过“安吉游戏”的成年人，面对那些看起来很危险的游戏，通常会紧张得无法呼吸，但与那些没开展过这种冒险游戏的学校相比，学生们受伤的概率更低。

毅力，是高强度打闹游戏的又一大益处。持续的努力，被击倒后再站起来——这些是出现在本章开头那句话的含义。加上最后、最关键的1°F，你前面的所有努力都会变得更有价值，就像212°F（100℃）的水能够驱动一列火车！

当今很多父母都倾向于让孩子们更轻松一些，想要为他们遮风挡雨。尽管出发点是好的，却阻碍了他们的成长，孩子们需要经历逆境才能长大成人。他们需要挑战，但不是踮起脚尖也无法完成的挑战，而是有意义的突破。正如波 · 布朗森和阿什利 · 梅里曼在他们的著作《关键教养报告》(*Nurture Shock*) 一书中所说，虽然“再试一次”就像是老生常谈，但实际上，那些有毅力的人“遇到挫折会更快恢复，而且在长时间都没有达到目标的时候也不会轻言放弃”。他们还分享了一项神经科学方面的研究成果：在遭遇困难时，那些有毅力的人大脑回路是如何被激活的。为了保持这种回路的畅通，孩子们需要去体验挫折，而不是一次次轻而易举的成功。

在生活中，成功的另一个关键要素是自信。这个世界上，有很多“莫扎特”和“爱因斯坦”，他们可能有很多伟大的思想，却始终默默无闻，正是因为他们缺乏自信，没有将自己的想法公之于众。正如我们之前所说，很多人的自信来源于过往的成功。但真正自信的人，不会担心结果如何，始终敢于迎接挑战、承担风险。

除了敢于冒险、毅力和自信，高强度打闹游戏还能够促进孩子的身体和情感发展。

很明显，大量高强度的打闹游戏会增加孩子的活动水平，减少坐着不动的时间，降低肥胖的风险。另外，打闹游戏中，肌肉不断收紧和放松，可以提升孩子的身体柔韧性和力量。一项针对儿童的长期研究表明，高强度打闹游戏的核心技能——跳跃，关系到孩子骨骼中的矿物质含量。孩子跳得越多，骨骼就会越强壮，这可能会让孩子一直受益到成年以后。

高强度打闹游戏对孩子的情绪发展的作用同样不可忽视。美国明尼苏达大学的教育心理学家安东尼·佩莱格里尼解释说，在激烈的打闹游戏中，父母和孩子之间的互相关注，可以帮助孩子学会读懂他人的情绪和暗示。

高强度打闹游戏，尤其适合那些情绪和行为都比较激烈的孩子。你的孩子会不会突然给你一巴掌，作为打招呼的一种方式？他们会不会高声说话、动作迅速，就像一股龙卷风？他们是不是比较好斗，总是喜欢挑起冲突或者和别人打架？那就试试本章中提到的游戏吧，你会看到立竿见影的效果。如果通过打闹游戏能让孩子的高强度需求得到满足，他们就会安静下来，在这一天剩余的时间里不那么狂躁。

本章的所有游戏，强度都比较高，有一定风险，极具挑战性。如果你是个喜欢刺激的人，你必须了解和熟悉你的孩子，以确保安全。虽然高强度打闹游戏听起来很危险，但是请记住，真正的安全来自常识和知识。

劳伦斯在他的女儿3岁时，才明白这个道理。有一天，艾玛两脚湿漉漉的，却想站在浴缸的边缘上行走，就像走平衡木似的。劳伦斯告诉她不可以这样做，因为这不安全。可是他一转身，艾玛就爬了上去。幸好在她快要跌倒的时候，劳伦斯及时抓住了她。艾玛立即大哭起来，停止哭泣后，她说的第一句话就是："这是你的错！"劳伦斯颇不耐烦地解释说，他早就警告过她了，浴缸的边缘滑得很，很危险。

艾玛的回答就是一个3岁孩子的逻辑："我出生的时候，你就该知道我想这么做。"多年之后，劳伦斯和艾玛仍然会对这个推理哈哈大笑。尽管很离谱，但艾玛的话里蕴含着一个真理：**我们都应该知道，孩子的天性就是不断尝试、探索、挑战极限。**

我们无法预测也避免不了所有的意外，但只要我们足够警觉，就能在第一时间伸出援手。换句话说，如果安全来源于知识，那么这种知识也包括，我们总能预料到孩子的那些不可预料的事情。就像艾玛说的，孩子的天性就是探索未知世界。

我们在长大的过程中，大部分人都学会了先观察再行动。这没错，但别忘了，我们终归是要“行动”的！《花生漫画》的创始人查尔斯·舒尔茨曾说过：“生活就像一辆10速自行车（指自行车后轮装有十个齿盘的变速飞轮）。有一些齿轮，大多数人从来没用过。”下面这些游戏，就是让你尝试用一下从来没用过的齿轮。

## 2 高强度游戏的四个基本技能

**奔跑：**也许你还不知道，经过锻炼，你会跑得更快！引导孩子把注意力集中在这四个环节：抬高膝盖，向前伸腿，向前摆臂，尽量减轻脚跟着地的力量。

**跳跃：**为了跳到最高处，需要先屈膝微蹲，然后身体突然向上发力，双臂尽力向上伸展。很多人没意识到，跳跃动作有很大一部分是双臂完成的，双臂对跳跃的高度影响很大。另外，起跳前加上一个助跑，可以让你跳得更远。

**落地：**如果是从1米以内的空中落下，只需要屈膝稍作缓冲即可。如果高于1米，可以参考下文的“杰罗尼莫勇士”游戏。

**翻滚：**尤其是那些为了分散冲击力而进行的翻滚，最好的技巧就是过肩滚翻：屈膝，将头靠在一边，手或手臂贴地，然后以肩部为支点翻滚过去。比较熟练的翻滚动作，头是永远不会接触地面的。

## 3 高强度打闹游戏：台阶挑战赛

- **适宜年龄：** 3岁及以上
- **难易程度：** 容易
- **基本技能：** 落地

这个游戏的名字，来自欧洲最大最宽的台阶——西班牙大台阶。这个游戏的设计初衷，就是要你和孩子在台阶上探索高强度打闹游戏的无限可能性。

**游戏步骤**

① 让孩子从台阶上往下跳，跳到你的怀里，或落在一堆沙发垫上。可以从2至3级台阶开始，渐渐增加，一定不能超过6级。

② 一旦你们掌握了跳下台阶的动作，就可以尝试跳上台阶的动作了。跳之前先助跑，看看你和孩子分别能跳多远。来个比赛吧！或者，让孩子坐在你的脚上，双臂抱住你的腿，然后尽你所能往上跳，看看能跳上几级台阶。

孩子可以从第二或第三个台阶开始往下跳，然后慢慢增加高度，最多不超过6级。

③ 当你跳到最高级台阶时，让孩子趴下来，腹部贴地滑行滑下去。孩子肯定会很开心——但你可能不愿意尝试这个动作，除非台阶都铺上了地毯！

## 4 高强度打闹游戏：蜘蛛侠

- **适宜年龄：**8岁及以上
- **难易程度：**中等
- **基本技能：**奔跑

就像蜘蛛侠可以飞檐走壁一样，孩子也可以在你的帮助下飞上墙壁。你们最好都穿上鞋底摩擦力较大的网球鞋。

**游戏步骤**

① 你站在离墙壁约9米远的地方开始冲刺，身体与墙壁呈30度角（不是迎面而上）。这个动作的关键是速度，所以要有足够长的跑道，这样你到达墙根儿时才有足够的速度。

② 跑到墙根儿时，立即向墙壁对角线的方向开始飞跑。你可能只跑个两三步就会掉下来，但是通过不断的练习，你应该能跑上四步。当你的孩子进行尝试时，

托住孩子的腋下或臀部，帮助他们跑得更高一些。

你要站在墙跟前，托住孩子的腋下和臀部，帮助孩子跑得更高一些。

### 游戏变体

另一种有趣的玩法是在墙上跑几步后跳起来，一只脚踩在上面往外用力蹬，然后身体向相反的方向弹出，最后落地。

## 5 高强度打闹游戏：海豹突击队

- **适宜年龄：** 10岁及以上
- **难易程度：** 中等
- **场所：** 有沙滩的湖边
- **基本技能：** 翻滚

美国海豹突击队的队员筛选程序极其严格，包括多项耐力挑战。在这一游戏中，你要像美国海豹突击队一样，为孩子创造各种极限挑战，这种挑战由一系列动作组成，受训者需要在规定时间内完成。我们比较喜欢的一项活动，最好在有沙滩的湖边进行。

**游戏步骤**

① 你站在湖水和草地之间的沙滩上，跪下来，双手

这里的关键在于，孩子将前臂交叉在胸前的同时，要放下前肩。

和膝盖着地，背部稍稍向上倾斜，使肩膀高于臀部。

② 让孩子躺在靠近沙滩的草地上，离你大概几米远。

③ 你大喊："开始！"孩子要从草地上跳起来，以冲刺的速度跑向你，在你的后背上做一个侧滚翻（孩子翻滚时与你的整个后背都有接触）。这个动作的关键在于，孩子将前臂交叉在胸前的同时，要保持肩膀放松。

④ 翻滚完成之后，让孩子快速跑到湖边跳入水中，游一段距离，然后返回岸边，开始下一轮的翻滚。当孩子再次到达活动开始时的那片草地并趴下时，挑战结束。

## 6 高强度打闹游戏：猫跳跑酷

- **适宜年龄：** 10岁及以上
- **难易程度：** 难
- **基本技能：** 奔跑；跳跃

跑酷是依靠自身的体能，快速、有效、可靠地驾驭任何已知与未知环境的运动训练。猫跳是跑酷者使用的一项技巧，用于墙上的跳跃动作。

孩子在接近墙壁时，本能驱使他们想要慢下来，你需要帮助他们克服这种心理，因为速度和冲力是成功的关键。

**游戏步骤**

① 在户外选择一面矮墙，孩子“跳起来能够到”的高度即可。(墙的高度最好比孩子的身高高60~90厘米)。

② 让孩子向着墙冲刺，在离墙还有1米左右的距离时开始向前和向上跳跃。让孩子将一只脚蹬在墙边上，手抓住墙头，然后立即借助冲力和手脚的力量，撑坐在墙头上。

**注意事项**

在跳跃之前，人都会本能地跑向墙体，但问题是，人类还有一种(更强烈的)本能，就是在接近的时候慢下来；你需要帮助孩子克服这种本能，因为在这个动作中，速度和冲力很关键。

作为监护者，你应该站在墙边，直到孩子把自己吊在墙上。也挑战一下你自己，找一面更高的墙飞跃过去！

## 7 高强度打闹游戏：杰罗尼莫勇士

- **适宜年龄：** 12岁及以上
- **难易程度：** 难
- **基本技能：** 落地

在尝试跳跃更高之前，先练习站立位的肩滚翻。

杰罗尼莫是一位勇猛的印第安勇士。第二次世界大战中，美国空降兵奥布里·埃伯哈特了解了杰罗尼莫的事迹后大为感动，于是在跳出飞机时大喊出杰罗尼莫的名字，因为他相信，这么做会让他的灵魂摆脱恐惧。这以后竟成为美国空降部队的一个传统。

在这个游戏中，你和孩子（必须在12岁及以上）需要从不低于3米的码头或者屋顶跳下，车库的屋顶就很不错。从高处落地的基本要点如下：

- 腿脚并拢，以便腿脚能够同时着地。
- 落地时屈膝，以便吸收冲击力。（笔直落下的冲击力是屈膝时的36倍！）
- 落地时，立即做一个肩滚翻，将冲击力分散到更大的表面积上。
- 和孩子轮流跳；错开落下的时间，这样可以避免落地时撞在一起。
- 借助树、梯子或附近（较高）的房屋窗户爬到车库顶上。排水沟的方法想都不要想。
- 在真正开始这个动作前，先练习从较低的地方往下跳！

## 8 高强度打闹游戏：摇摆托举

- **适宜年龄**：10岁及以上
- **难易程度**：难
- **基本技能**：落地

正如美国歌手艾拉·费兹杰拉唱的那样："如果没有摇摆，那就毫无意义。"在这个动作中，你和你的孩子需要尝试很具有挑战性的摇摆舞托举，你可以任意打开一段快乐的乐曲配合此动作。（如果有摇摆舞的音乐，就更好了。）你需要一个监护者，直到你对这个动作熟练为止，特别是在做翻转动作的时候。

**游戏步骤**

① 让孩子跑向你，在离你约1米的距离，做手倒立。

② 你伸手握紧孩子的腰胯部位。

③ 把孩子的上半身向上翻转。孩子的腿架在你的肩膀之上时，你就可以松手了。

④ 孩子下落时，需要分开两腿（这样就能越过你的肩膀），用双臂环抱住你的脖子，同时你要抓住孩子的腰部。

⑤ 指导孩子下来，缓解孩子落地时的冲击力。

你需要一个监护者，直到你对这个动作熟练为止，特别是在做翻转动作的时候。

# 9 高强度打闹游戏：安吉庭院

- **适宜年龄：** 3岁及以上
- **难易程度：** 因人而异
- **教具：** 旧轮胎、梯子、桶、手推车、垫子、绳子、木头、棍子等
- **基本技能：** 跳跃；落地；翻滚

安吉游戏是一种令人兴奋的早期儿童教育方法，它的开发者是教育家和游戏倡导者程学琴女士以及她在浙江安吉的同事们。这一思想体系的基石之一是认为每个孩子都有权利体验一段持续的、不受干扰的时间，在这个时间内，他们能够用一些非结构化的材料，比如梯子、木板、绳子、垫子和桶等进行自主游戏。安吉游戏的重要原则之一就是要让成人退后（放手、闭嘴），给孩子提供机会，让他们自主决定风险和冒险水平。

**游戏步骤**

① 在你的院子里创造一个临时的安吉操场，让你的孩子领路，用不同的材料进行探索和游戏。可以考虑这些材料：旧轮胎、梯子、桶、立方体、手推车、垫子、攀爬立方体、绳子、木头、棍子、砖块、圆木。把这些材料

要相信孩子，让孩子自行选择风险水平。

放在孩子可以够得到的地方，让孩子们随意选择位置。 

② 让孩子自己指导游戏。准备好为孩子的创造力和快乐而惊讶吧！相信孩子，让孩子自主选择风险水平，而不是在他们身边绕来绕去，大声嚷着：“小心点儿！”或者催促他们尝试还没有准备好要尝试的东西。

## 10 高强度打闹游戏：撑物跳跃

- **适宜年龄：** 12岁及以上
- **难易程度：** 难
- **教具：** 一条长凳
- **基本技能：** 跳跃

在这个动作中，你需要通过名为“侧手翻”的技术来探索腾跃。

**游戏步骤**

① 跑向一个物体，例如长凳，将手撑在上面。

② 扭转身体，抬起双腿，跨过物体。这个动作需要孩子在飞跃时将前胸正对着物体。孩子第一次学这个动作时，你要在孩子落地的那一侧做好监护。也可以单手进行（用惯用的那只手），但这个动作更加需要力量和敏捷性。

扭转身体，抬起双腿，跨过障碍物。

### 游戏变体

这个动作的高强度玩法包括正面接触物体。这一技术源自跑酷（参见第205页的猫跳跑酷），能够用于跃过大多数齐腰高的物体。跑向一面低矮的墙或者木桶。把手直接放在面前，这样就可以使手先于身体的其他部位接触到墙体；两手之间的宽度要比肩略宽。收紧双腿，在跃过墙时用双手将其推向前面。用双手和双臂作弹簧，帮助推动身体，使你能够跃过物体，落在物体的对面。

## 11 关于高强度打闹游戏的真实故事

里奥是个胆小怯懦的男孩，他在幼儿园的教室里经历过一些痛苦的事情。据他父母所说，他对大人们总是非常礼貌，对妹妹也很好。父母带他来见劳伦斯的时候，里奥非常渴望学到一些减轻焦虑的方法。劳伦斯教他的方法起到了一些作用，不过真正的突破发生在劳伦斯去里奥家里探访的时候。

一开始，劳伦斯和里奥玩耍的时候，里奥的状态很沉稳、安静、有条不紊，而且谨慎仔细，但是劳伦斯并没有让这种状态持续太长时间。他开始提升游戏的强度，想让里奥变得野蛮一些。

首先，劳伦斯把火车头从精心搭建的轨道上撞翻，然后，他又不停地用自己的火车撞向里奥的火车。很快，里奥和劳伦斯就在游戏室里满屋子跑起来，又叫又笑。当里奥开始兴奋地乱扔火车，并对他妹妹高声喊叫的时候，劳伦斯才进行干预，让气氛缓和了下来。

里奥的父母很震惊，他们从来没看见过里奥（或劳伦斯）这一面。与很多容易紧张、焦虑的孩子一样，里奥也在担心，如果自己生起气来，可能会非常暴力，可能会失控，边锋很可怕。但当他在别人的鼓励下变得野一点儿，并表现出像其他孩子一样的攻击性时，他就放下了恐惧。

就连他的妹妹也享受到了这种变化带来的益处（尽管有时候他会戏弄她、抢她的东西）。她喜欢高强度的打闹游戏，现在她终于可以说服哥哥和自己一起玩了。他的父母很难相信这种爆发力一直蕴藏在他们那个乖巧懂事的儿子体内，但他们同样看到了这种改变带来的好处。当看到两个孩子绕着地下游戏室疯跑的时候，里奥的父亲叹了一口气，对劳伦斯说道："套用那首老歌，我猜我已经学会了'爱你身边的儿子'（'Love the Son You' re With.'）"。

和里奥一样，佩妮也是个谨小慎微的孩子。她涂色时很少出线，从不冒险，不喜欢把自己弄脏，当被邀请参与疯闹游戏时，她一律予以拒绝。他的爸爸乔治担心，如果她一直这样拘束，会错过生活中的很多乐趣，所以他用过各种威逼利诱的方法，但是毫不奇怪，这些办法都没有奏效。

乔治可不是个轻言放弃的人，他又开始尝试新的方法。有一天，他意外地取得了成功。佩妮坐在沙发上看书，乔治对她说："小心！你可别从沙发上掉下去！"没想到她咯咯笑了起来。他再三确保没有让女儿觉得他是在嘲笑她，因为她太敏感了。他满脸堆笑，这样佩妮就知道他是在闹着玩了。

她从沙发上站起来，乔治一直跟着她，说道："哦，你不会是要走了吧？你不会要跌倒了吧？我都不敢看了！"他用手蒙住了眼睛，所以走路时跌跌撞撞的，非常夸张。于是佩妮开始尝试做一些危险的事情，好让爸爸"大惊失色"。乔治用精湛的演技完美地扮演着他的角色，假装特别害怕佩妮做"危险"的事情，比如上下楼梯，从而始终让这个游戏保持有趣。很快，她开始从楼梯上跳到他的怀里，沿着沙发背的边缘走来走去。所有这些，为父女俩带来了许多欢笑。有一两次，佩妮在增加挑战难度时不小心滑倒了，乔治恰到好处地抓住了她，这使她更加确信自己是可以冒险的。乔治惊喜地看到，佩妮的冒险精神延伸到了运动以外的领域，比如她在画画、写作和社交方面都变得更加大胆。

在这样玩了几次之后，乔治开始向安东尼讨教更多高强度打闹游戏。当安东尼发现，佩妮对自己能克服对跳跃的恐惧而感到非常骄傲时，他向乔治推荐了几个相关游戏供其尝试，其中佩妮最喜欢的游戏是“蜘蛛侠”，她是在学校外的墙上完成这个动作的。

里奥和佩妮都是小心谨慎的孩子，我们的朋友杰罗姆却是个小心谨慎的爸爸。但他的儿子丹尼尔可不小心谨慎，他喜欢冒险，杰罗姆总是不断地告诫他：“要小心啊！”

有一天在公园里，杰罗姆像往常一样，提心吊胆地在儿子身边转来转去。旁边有个妈妈说：“他在那上边看起来挺稳的啊，真是一个有力的攀登者。”杰罗姆本打算把她的评论当作耳旁风来对待，因为一个人爬那么高，怎么可能稳呢？但他用新的眼光看了看儿子，他发现，他确实挺稳的。于是他咽下了自己的担心，问丹尼尔：“有没有准备好爬到更高的地方去？”丹尼尔信心满满地说道：“好啊！”杰罗姆问他：“用不用我上去帮帮你？”丹尼尔大声喊道：“不用！

现在，他们父子俩都已成为狂热的攀岩爱好者。自从杰罗姆接受了丹尼尔的高强度风格后，他才意识到，自己也许应该尝试一些曾经害怕的事情。所以他开始学习攀岩，然后尽其所能地让丹尼尔也爱上这项运动。他们在一起玩得特别开心，变得更加狂野和吵闹，这是杰罗姆从没想到的状态。

可惜的是，他们家附近并没有“冒险乐园”。也许你家附近也没有，因为这种场地远没有想象中那么普遍。“冒险乐园”始于20世纪40年代，那时丹麦的一名景观设计师注意到，孩子们总是把废弃的木材和成堆的碎石当成玩具，而不是在他精心设计的游乐设备上爬上爬下。后来冒险乐园在欧洲流行起来，但美国境内只有为数不多的几个。在这种能给人带来惊喜的游戏场所，孩子们可以搭建城堡和树屋，在火坑内生火，可以尽情做那些大人不允许的事情。这种游戏方式和高强度打闹游戏的宗旨完全一致。

有一天，马里奥来请教劳伦斯，如何做好一个继父。当时他还没有想过冒险这件事。让他感到沮丧的是，他与继子鲁迪之间好不容易建立起的亲密关系似乎要破裂了。他无法和鲁迪继续保持顺畅的沟通，也不能把他从电子游戏中拽出来。他们不再像刚认识时那样打打闹闹，现在只剩下争吵或彼此疏远。马里奥值得夸赞的一点是，他想改变现状，并且知道这不都是鲁迪的错，所以想主动做些什么。

劳伦斯的建议是，现在鲁迪已经长大了，所以他们俩可以来一个头脑风暴，想一想两人都喜欢做的事情是什么。可是马里奥头脑空空，什么都想不出来，所以否决了劳伦斯的建议，沮丧地离开了劳伦斯的办公室，劳伦斯也没有期望能听到他的好消息。

但几天之后，马里奥给劳伦斯发了一封邮件，说他在回家的路上，想到了一个“好主意”。他问鲁迪：“你想不想学会高空落地技术？这样你就能从车库顶上跳下来了！”等鲁迪的妈妈回到家，听到鲁迪正声嘶力竭地大喊着从车库往下跳，做了一个完美的翻滚落地，然后拥抱了继父，再次爬上树，跳上了车库顶上。鲁迪的妈妈说，如果没有那个拥抱，她恐怕都要尖叫起来了。

几个月之后，马里奥又发来一封邮件，说这个游戏让他和鲁迪的关系更亲密了，他们一起经历更多冒险，除此之外，还有一个意想不到的收获。鲁迪以前是个遇到困难就轻言放弃的人，但“高空落地”的动作实在太让他着迷，以至于他愿意在登上屋顶之前花很长一段时间反复练习，想把这个动作真正做好。这就是我们把“毅力”作为高强度打闹游戏的核心价值之一的原因。

我们都知道，如果我们整天对一个活泼好动、精力旺盛的孩子说“不”，他们就会感到沮丧和叛逆，我们也会感到沮丧和焦虑。所以，不如换个方式，让孩子在游戏中充分发挥他们的优势，包括高强度、精力旺盛和无所畏惧，同时，这些游戏也需要技巧、练习和专注。换句话说，就是陪孩子一起玩高强度打闹游戏。

请记住，这个方案中最重要的内容就是“陪孩子一起玩”。如果马里奥对他的继子说：“你为什么不到外边去，从车库顶上跳下来呢？”鲁迪可能就学不到安全落地的技巧，也不会拥有毅力，而他们之间的关系也不会有所改进。实际上，他还有可能会严重受伤，导致马里奥和鲁迪妈妈的关系也陷入困境。但他们在一起玩，就是一种完全不同的体验。

有些孩子虽然不是太活跃，但出手总是很重。这些孩子和别人打招呼的时候，不是使劲拍打对方，就是用身体碰撞对方。他们通常说话声音很大，动作迅速，十分莽撞，对“不”这个词反应剧烈。他们常常被误诊为多动症（ADHD），但他们真正需要的是高强度的游戏。

疯狂的“枕头大战”游戏就很不错，使用那些又大又软的枕头对打的时候很安全。这些孩子通常还喜欢被人用毯子裹得紧紧的，就好像被牢牢地包裹在襁褓中，会很有安全感，然后被抱着在屋里走来走去。

“撑物跳跃”游戏对于有高强度需求的孩子来说很不错，因为他们可以从中体验到高速的冲击力。有些家长对鼓励孩子玩这种游戏表示担忧，但既然孩子们自己非常肯定可以做到，那就不妨接受它，并且参与其中帮助孩子安全完成动作。

想要提升孩子（以及我们自己）的毅力和信心，设置一个“挑战时间”是很好的方法，可以想一些对孩子来说有一定难度的事情，比如爬树、卸掉辅助轮，或跳着跨过小溪。鼓励孩子去做这些事情，而你可以在一旁为他们加油，给他们提供积极的鼓励和支持。最后，因为这是一场公平的竞争，所以也要让孩子给你设立一项挑战（什么样的挑战？我们敢打赌，这本书里至少有一款游戏适合你）。

来吧，试试看！

# Conclusion The Joy of Roughhousing

# 后记
## 打闹游戏的真正意义：快乐和爱

如果说游戏可以拯救生活，
这绝非夸大其词。
游戏肯定拯救了我的生活。
没有游戏的生活是难熬的、机械的，
充斥着为了生存必须做的事。
游戏好比搅动饮料的那根小棍。
它是所有艺术、比赛、书籍、运动、电影、时尚、娱乐和奇迹的基础。
简而言之，是一切我们称之为“文明”的基础。
游戏是生活的重要组成部分，它让生活变得生动有趣。

**美国精神病学家斯图尔特·布朗（Stuart Brown）**
**摘自图书《我们为什么要玩》（*Play*）**

打闹游戏，就是身体游戏、互动游戏的艺术。当孩子的热情逐渐高涨，肢体动作增加，活力四射时，你就知道你们已经渐入佳境了。

这种狂野的游戏与多动症和攻击性是完全不同的。从孩子眼中闪烁的快乐和神采，你就能看得出来，这种游戏是新鲜且充满活力的，能看出他们渴望和你进行更多有趣的身体接触。在玩过一些高质量的打闹游戏之后，孩子们会表现得快乐、满足，想要和你更亲近，他们甚至更加配合你的教育。当电子屏幕失去令人上瘾的力量，当屋里的欢笑声取代了键盘的啪啪声时，你就处于一个非常棒的阶段。

当你和孩子一起玩打闹游戏的时候，你就是在向孩子们传达一个信息：**你和他们一样，希望拥有这种深层次的情感联结。**你还可以向他们传达：**你是多么希望他们安全，具有冒险精神、竞争力和合作精神，强大且温柔。**就像斯图尔特 · 布朗所说，你开始认识到，游戏是人类的本能，和吃饭、睡觉、社交一样的本能。但是，就像很多大人和孩子都有睡眠障碍一样，我们也有游戏障碍。

如果你按照自己的方式读完这本书，那么，在你们做飞行动作，把孩子抛向空中且安全地接住他们时，你和孩子的勇气、自信和信任都能得到发展。通过打闹游戏，你增进了团队协作能力，身体也更加健康；通过和孩子的互动，你增强了敏捷度和亲子关系。你让孩子的想象力变得更加强大，还激发出了他们的创造力、解决问题和讲故事的能力。你学会了如何通过知识、监督和练习来让孩子注意安全，而不是通过规则和命令。最后，你们都在高强度的打闹游戏中，不断站在临界点上完成自我挑战，并因此收获了毅力、冒险精神和自信心。

但是现在，请你们忘了这一切。

**打闹的真正精髓在于：快乐和爱。**

在本书开篇的时候，我们就谈到过关于“快乐”的话题，这个话题到这里也就结束了，现在我们要来说说“爱”。

这个世界上，没有任何行为能像父母和孩子之间充满活力的身体游戏那样，激发出双方更深厚的情感。如果孩子年幼时，就有机会探索并建立这些感情，那么等他们长大后，就会更愿意继续保持这种亲密而深厚的联结。对于那些缺席孩子成长过程的父亲来说，这一点尤其重要。从第一次轻轻摇晃宝宝，看到宝宝脸上露出笑容，到你们齐心协力去挑战高强度打闹游戏，你和孩子都会发现，你们之间亲密、温暖、充满爱意的联系加深了。

而这，比什么都珍贵。

# Index of Activities

# 游戏名称索引

# References

# 参考文献